mathbu.ch

**Mathematik im 7. Schuljahr
für die Sekundarstufe I**

Walter Affolter
Guido Beerli
Hanspeter Hurschler
Beat Jaggi
Werner Jundt
Rita Krummenacher
Annegret Nydegger
Beat Wälti
Gregor Wieland

schulverlag blmv AG, Bern
Klett und Balmer Verlag, Zug

Liebe Schülerinnen und Schüler

Ihr werdet im kommenden Schuljahr erstmals mit dem *mathbu.ch* arbeiten. Die Personen auf den Fotos haben dieses Mathematiklernmittel ausgearbeitet und gestaltet. Wir hoffen, dass euch die Lernumgebungen viele Denk- und Lernanstösse geben. Dabei werdet ihr erfahren, dass Mathematik vielseitig anwendbar ist. Im Arbeitsheft könnt ihr Gelerntes üben und Sicherheit gewinnen.

Nachfolgend könnt ihr euch mit Gedanken zur Mathematik auseinandersetzen, die an Arbeitssitzungen geäussert worden sind. Gerne nehmen wir von euch Rückmeldungen und Anregungen zum *mathbu.ch 7* entgegen. Unter www.mathbu.ch findet ihr die Mail-Adresse, wenn ihr uns schreiben wollt. Wir wünschen euch einen guten Lernerfolg und viel Freude in der Mathematik.

Das mathbu.ch-Team

Walter Affolter
Autor

Guido Beerli
Autor

Hanspeter Hurschler
Autor

Beat Jaggi
Autor

Werner Jundt
Autor

Rita Krummenacher
Autorin

Annegret Nydegger
Autorin

Beat Wälti
Autor

Gregor Wieland
Autor

Michael Wirth
elektronische Medien

Marcel Holliger
Projektleitung
Klett und Balmer AG

Peter Uhr
Projektleitung
schulverlag blmv AG

Brigitte Gubler
Illustratorin

Stephanie Tremp
Fotografin

Urs Bernet
Typograf

Wenn du einen Fehler verstehst, hast du etwas gelernt.

Durch geschicktes Überlegen und Rechnen wird die Welt durch Zahlen fassbar. Ich erfahre damit etwas über die Dinge.

Jeder Mensch braucht seine Mathematik, denn Zahlen, Formen und Grössen sind Teil seines Denkens.

Mathematik brauchst du wie deine Muttersprache um Situationen und Sachverhalte zu beschreiben, zu verstehen und darüber zu sprechen.
Der Nutzen der Mathematik liegt also nicht in der Mathematik selbst, sondern in der Sache.

Mit Hilfe von Mathematik kann man auf sehr kleinem Raum viele Dinge unserer Umwelt beschreiben. Das macht Mathematik einerseits schwierig, andererseits aber auch faszinierend. Mathematisches Vorstellungsvermögen, zum Beispiel von Grössen, kann man trainieren und so ständig verbessern.

Es ist wichtig, dass du zu den Rechnungen, die du gelernt hast, auch dazugehörige Geschichten oder Situationen kennst.

Die natürliche und die vom Menschen geschaffene Umwelt ist voller Muster und Strukturen. Mit Hilfe von Mathematik kann man diese beschreiben.
In mathematischen Formeln kann man mit Übung und Fantasie viele weitere Muster und Strukturen erkennen.

Das Wichtigste in Mathematik: Selbst denken.
Das Schönste in Mathematik: Selbst denken.

So begegnete ich zum ersten mal der Unendlichkeit:
Ich rechne $0.9^2 = 0.81$, $0.9^3 = 0.729$, …, $0.9^{100} = 0.000265…$
Ich wählte den Exponenten immer grösser, bis der Taschenrechner 0 anzeigte. Aber kann das sein?

Mathematik kann helfen, Begebenheiten aus Alltags und Umwelt besser zu verstehen.

Algebra hat mich immer fasziniert, weil man durch einen Term mit Zahlen und Buchstaben unendlich viele konkrete Dinge auf kleinem Raum beschreiben kann.

Auch Zahlen können Geschichten erzählen.

So klein! – So gross!

«Mikro», «milli», «zenti», «dezi», «hekto», «kilo», «mega» sind Bezeichnungen, die bei Grössen verwendet werden. Weisst du, was sie bedeuten?

Stell dir vor, dass sich aus einer winzigen menschlichen Eizelle mit 150 µm Grösse und 1 µg Gewicht ein neues Lebewesen entwickelt, ein neuer Mensch.

Tabelle und Texte enthalten einige Angaben zu diesem wunderbaren Vorgang bei uns Menschen und bei Tieren.

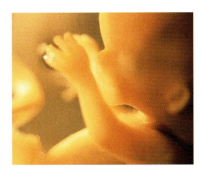

Vor der Geburt

Alter	Länge	Gewicht	Besonderes
Zeugung	150 µm	1 µg	Die Eizelle wird befruchtet.
2 Wochen	0.2 mm		Die Eizelle ist im Uterus eingenistet.
6 Wochen	15 mm		Die Finger und Zehen sind deutlich zu sehen.
10 Wochen	70 mm	28 g	Die Füsse sind 1 cm lang.
14 Wochen	16 cm	110 g	Die Fruchtwassermenge ist 250 ml.
18 Wochen		330 g	In 24 Stunden schluckt das Kind etwa 12 ml Fruchtwasser und scheidet 15 ml Urin aus.
22 Wochen	30 cm	670 g	Die Augenwimpern sind zu sehen.
26 Wochen	35 cm	1 210 g	Die Füsse sind 5.5 cm lang.
30 Wochen	40 cm	1 950 g	Die Zehennägel wachsen. Die Fruchtwassermenge ist 1 l.
38 Wochen	51 cm	3 400 g	Geburt

Nach der Geburt

Ein Neugeborenes ist durchschnittlich 3 400 g schwer und 51 cm lang. Es sucht sofort nach der Brust der Mutter und trinkt an seinem ersten Lebenstag 20–50 ml Flüssigkeit, aufgeteilt auf 8–12 Mahlzeiten. An jedem Tag der ersten Lebenswoche erhöht sich die Trinkmenge. Ab der 2. Lebenswoche trinkt es etwa 500–600 ml pro Tag. Im 2. Monat sind es 600–900 ml, im 3. Monat 600–1 000 ml. Danach bleibt die Trinkmenge ungefähr konstant. So nimmt das Neugeborene in den ersten drei Monaten jede Woche 80–300 g an Gewicht zu und wächst durchschnittlich 3.5 cm pro Monat.
Die stillende Mutter braucht selber viel Flüssigkeit. Sie trinkt mit Leichtigkeit 5 dl Tee oder Wasser aufs Mal. Pro Tag sollte sie bis zu 5 l aufnehmen.

① «Mega», «kilo» … sind Bezeichnungen, die bei Grössen verwendet werden. Einzelnen bist du in der Tabelle und im Text begegnet. Stelle dar, was sie bedeuten im Zusammenhang mit Längen, Gewichten und Hohlmassen. Notiere alle Beziehungen, die du bereits kennst.
Beispiele:
- 1 mm = 0.001 m
- «milli» bedeutet Tausendstel ($\frac{1}{1000}$)

② Verfasse mit den Informationen aus der Tabelle «Vor der Geburt» einen Text.

③ Übertrage die Informationen aus dem Text «Nach der Geburt» in eine Tabelle.

1

Bei Tieren verläuft die Entwicklung von der Eizelle zum Jungtier ähnlich.

4 Vergleiche die folgenden Informationen miteinander.

Elefant Die befruchtete Eizelle einer Elefantenkuh misst 0.15 mm und wiegt 1 µg. 20–22 Monate später ist das neugeborene Elefantenbaby bereits 1 m hoch und wiegt 100–150 kg. Es trinkt jeden Tag 10–15 l Muttermilch. Bis zum Alter von zwei Jahren wird es gesäugt. Die Elefantenmutter ist bis zu 4 t schwer und 3 m hoch. Sie trinkt jeden Tag etwa 80 l Wasser und verschlingt bis zu 150 kg Gras, Laub oder Äste. Sie frisst während 16–18 h am Tag.

Berggorilla Eine Berggorillamutter wirft nach einer Tragzeit von 245–275 d ein 1 600–2 000 g schweres Baby. Es wird während drei Jahren von der Mutter gesäugt, bis es etwa 15 kg wiegt. Die Mutter ist 90 kg schwer und 1.5–2 m gross. Sie frisst pro Tag 20 kg Kräuter und Blätter. Die Gorillafamilie ist von Sonnenauf- bis Sonnenuntergang aktiv. Sie verbringt 40 % dieser Zeit mit Faulenzen, 30 % mit Fressen und wandert die restliche Zeit durch die Wälder.

Känguru Das neugeborene Känguru krabbelt nach einer Tragzeit von 27–36 d sofort über den Bauch der Mutter in den Beutel. Es ist jetzt 2–3 cm gross und 0.8 g schwer. Im Beutel saugt es sich an einer Zitze fest. Erst nach rund 200 d ist es mit 2–4 kg kräftig genug für einen ersten Spaziergang. Es schlüpft jedoch immer wieder in den Beutel, besonders bei Gefahr und Hunger. Mit einem Jahr wiegt das Känguru 10 kg. Es ist nun erwachsen und verlässt den Beutel für immer.
Die Kängurumutter ist bis zu 60 kg schwer und 1.8 m lang. Sie frisst vor allem Gräser und Blätter.

5 Wähle Informationen zur Entwicklung von Lebewesen aus und stelle damit Berechnungsaufgaben zusammen. Bestimme zu jeder Aufgabe die Lösung und stelle deinen Lösungsweg dar. Gib die Aufgaben andern zu lösen.

Einen Überblick gewinnen über Masseinheiten sowie die Beziehungen zwischen den entsprechenden Grössen.

Wasserstand

In den Medien sieht man regelmässig Grafiken, die den Verlauf eines Sachverhalts zeigen. Beispiele dafür sind durchschnittliche Tagestemperatur oder Sonnenscheindauer während einer gewissen Zeit.

Gefässe füllen

1

A Platziere einen Massstab stabil und senkrecht in einem Rundkolben. Giesse 50 ml Wasser in den Rundkolben. Lies die Füllhöhe ab und trage sie in eine Tabelle ein. Giesse weitere 50 ml Wasser nach, lies ab und trage ein. Fahre weiter, bis der Kolben gefüllt ist.

B Zeichne zu deiner Tabelle eine Grafik, wie das Beispiel unten zeigt.

Volumen	0	50	100	150	…	…	ml
Füllhöhe	0						mm

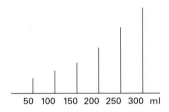

C Stell dir vor, du hättest jeweils nur 25 ml nachgefüllt. Zeichne die Grafik.

D Du kannst deine Grafik überprüfen, wenn du den Rundkolben nochmals auf die neue Weise füllst.

2 **A** Erkläre jemandem, was die Grafiken darstellen.

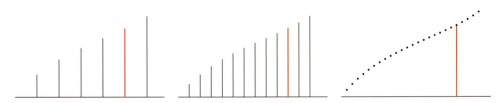

B Stelle die Abhängigkeit der Füllhöhe von der Füllmenge aus Aufgabe 1 durch eine Linie dar. Solche Linien werden in der Mathematik Graphen genannt.

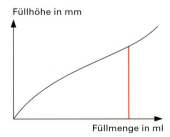

3 Zeichne je einen «Füllgraphen» für die beiden Gefässe.

4 Erfindet selbst Gefässe und zeichnet dazu die Füllgraphen. Tauscht nur die Graphen untereinander aus. Versucht daraus die Gefässformen zu erkennen.

Füllen unter dem laufenden Wasserhahn

5 Hier siehst du ein Gefäss, das überall den gleichen Querschnitt hat. Stelle die Abhängigkeit der Füllhöhe von der Füllzeit durch eine Linie dar. Was fällt dir auf? Begründe.

6 Die drei Gefässe werden unter einem gleichen, regelmässigen Wasserstrahl gefüllt. Zeichne die drei Füllgraphen. Erkläre.

Geschwindigkeit anpassen

Jeden Morgen fährt Peter im Auto zur Schule, denn sie liegt am Arbeitsweg seines Vaters. Auf den geraden Strecken fährt das Auto mit etwa 50 km/h. In den Kurven muss die Geschwindigkeit entsprechend gesenkt werden. Der gesamte Schulweg hat eine Länge von 1 100 m.

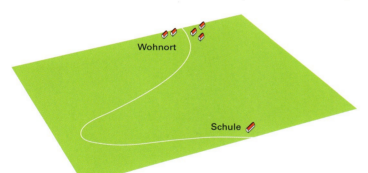

7 Beschreibe die Veränderungen der Geschwindigkeit während der Fahrt.

8 Übertrage die unten stehende Darstellung in dein Heft. Zeichne einen Graphen. Er soll zeigen, wie sich die Geschwindigkeit im Verlauf der Fahrt ändert.

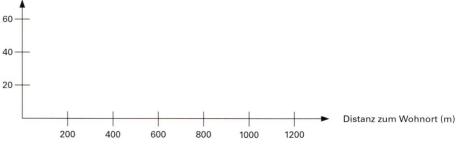

9 Vergleicht eure Graphen und begründet die Unterschiede.

Abhängigkeiten zweier Grössen durch einen Graphen darstellen und grafische Darstellungen interpretieren.

Mit Kopf, Hand und Taschenrechner

Bei gewissen Rechnungen, wie zum Beispiel beim kleinen Einmaleins, kannst du das Resultat sofort angeben, ohne lange zu überlegen. Du bist sogar schneller als mit einem Taschenrechner. Umfangreiche Berechnungen führst du mit Hilfsmitteln durch. Zum Überprüfen der Resultate musst du gute Fähigkeiten im Kopfrechnen besitzen.

Im Kopf oder mit Bleistift und Papier

1 Versuche in einem ersten Durchgang möglichst viele dieser Aufgaben im Kopf zu rechnen. Bei welchen musst du Zwischenresultate festhalten? Wo brauchst du den Taschenrechner?

A 2 + 3, 4 + 7, 6 + 12, 13 + 14, 25 + 26, 36 + 28, 102 + 208, 100 + 1 002, 24 + 2 340
B 9 – 6, 12 – 8, 24 – 16, 32 – 9, 47 – 23, 63 – 48, 100 – 38, 106 – 59, 1 003 – 580
C 2 · 4, 3 · 40, 60 · 3, 40 · 70, 500 · 3, 80 · 600, 12 · 12, 11 · 9, 14 · 14, 700 · 900, 12 · 300
D 37 + 89, 46 + 168, 297 + 36, 476 + 383, 2 784 + 378, 5 329 + 6 837, 111 + 2 222
E 45 : 9, 56 : 7, 96 : 8, 121 : 11, 360 : 4, 630 : 70, 7 200 : 2, 4 900 : 70, 10 000 : 8
F 11 · 14, 23 · 4, 26 · 54, 37 · 7, 48 · 76, 149 · 35, 29 · 754, 367 · 592, 2 587 · 498
G 378 – 179, 436 – 87, 832 – 285, 4 531 – 2 748, 5 890 – 3 756, 65 422 – 8 075
H 300 : 12, 238 : 17, 207 : 9, 1 058 : 23, 1 112 : 8, 4 002 : 46, 5 103 : 27, 30 135 : 123

Verwandte Rechnungen

2 700 · 6 000 ist verwandt mit 7 · 6. Diese Verwandtschaft hilft dir, auch die Rechnung 700 · 6 000 im Kopf zu rechnen: 7 · 6 = 42, 700 · 6 000 = 4 200 000. Suche die Verwandtschaft zu einfacheren Rechnungen und rechne im Kopf.

A 500 · 700, 30 · 6 000, 7 · 40 000, 1 200 · 1 200, 40 000 · 80, 9 000 · 110
B 7 000 + 4 000, 60 000 – 12 000, 230 000 + 680 000, 730 000 – 490 000
C 5 600 : 8, 144 000 : 12, 4 500 : 90, 36 000 : 400, 960 000 : 1 200

3 Verwandte Rechnungen helfen, die Grössenordnung der Resultate schwieriger Rechnungen abzuschätzen. Hier siehst du zwei mögliche Methoden.

2 380 + 4 729

Mindestens – höchstens
6 000 = 2 000 + 4 000 < *2 380 + 4 729* < 3 000 + 5 000 = 8 000
Das Resultat liegt zwischen 6 000 und 8 000

Gerundet
2 380 ≈ 2 000 und *4 729* ≈ 5 000
Das Resultat ist ungefähr 2 000 + 5 000 = 7 000

Schätze ab nach einer der beiden Methoden. Wo wählst du welche Methode? Warum?

A 14 892 + 23 751, 123 456 + 234 567, 47 315 – 23 729, 987 654 – 345 678
B 356 · 37, 5 640 · 8, 44 679 : 53, 975 · 246, 97 047 : 789, 82 · 37 046, 52 716 : 573

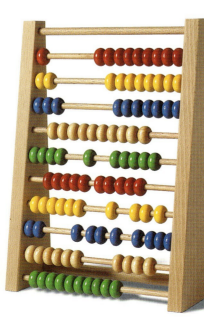

Dezimalbrüche multiplizieren und dividieren

4 Rechnungen mit Dezimalbrüchen können in den einfachsten Fällen auf verwandte Aufgaben zurückgeführt oder mit Brüchen gelöst werden, zum Beispiel die Rechnung $0.2 \cdot 0.06$

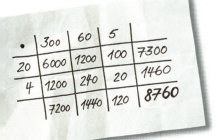

mit Hilfe von verwandten Aufgaben	mit Hilfe von Brüchen
$0.2 \cdot 0.06$ ist verwandt mit $2 \cdot 6$	$0.2 = \frac{2}{10}$, $0.06 = \frac{6}{100}$
$2 \cdot 6 = 12$	$\frac{2}{10} \cdot \frac{6}{100}$
$2 \cdot 0.6 = 1.2$ und $0.2 \cdot 6 = 1.2$	$\frac{2}{10} \cdot 6 = \frac{2}{10}$ von $6 = \frac{12}{10}$
$0.2 \cdot 0.6 = 0.12$	$\frac{2}{10} \cdot \frac{6}{10} = \frac{2}{10}$ von $\frac{6}{10} = \frac{12}{100}$
$0.2 \cdot 0.06 = 0.012$	$\frac{2}{10} \cdot \frac{6}{100} = \frac{2}{10}$ von $\frac{6}{100} = \frac{12}{1000}$

A Vergleicht und erklärt einander die beiden Vorgehensweisen. Rechne mit einer der beiden Methoden.

B $0.4 \cdot 0.9$, $0.04 \cdot 9$, $0.04 \cdot 0.9$, $0.4 \cdot 0.09$, $0.004 \cdot 9$, $0.004 \cdot 0.9$, $0.004 \cdot 0.09$

C $1.2 \cdot 0.3$, $0.12 \cdot 0.3$, $0.12 \cdot 0.03$, $0.012 \cdot 0.03$, $0.012 \cdot 0.003$, $1.2 \cdot 0.003$

D Formuliere eine allgemeine Regel und stelle sie andern vor.

5 Für Aufgaben wie $3.86 \cdot 4.7$ nimmt man mit Vorteil den Taschenrechner. Ohne falsche Eingabe liefert er das Resultat 18.142. Mit dem Taschenrechner können unbemerkt Tippfehler passieren. Darum ist es sinnvoll, die Grössenordnung des Resultats im Kopf abzuschätzen, zum Beispiel nach einer der Methoden von Aufgabe 3.

$3.86 \cdot 4.7$	**Mindestens – höchstens**
	$3 \cdot 4 = 12 \; < \; 3.86 \cdot 4.7 \; < \; 4 \cdot 5 = 20$
	Das Resultat muss zwischen 12 und 20 liegen.
	Gerundet
	$3.86 \cdot 4.7 \approx 4 \cdot 4.5 = 18$ oder $3.86 \cdot 4.7 \approx 3.5 \cdot 5 = 17.5$

Vervollständige für unten stehende Rechnungen folgende Sätze und überprüfe dann das Resultat mit dem Taschenrechner.

A Das Resultat ist sicher grösser als …

B Das Resultat ist sicher kleiner als …

C Das Resultat ist ungefähr …

$2.9 \cdot 5.6$, $3.84 \cdot 0.7$, $8.39 \cdot 6.81$, $24.6 \cdot 0.04$, $85.7 \cdot 456.96$, …

6 Wenn du beliebige Divisionen mit Dezimalbrüchen in den Taschenrechner eintippst, geschieht es oft, dass der Rechner so viele Stellen nach dem Punkt angibt, wie in der Anzeige Platz haben. Dies ist immer dann der Fall, wenn die Division nicht aufgeht. Trotzdem kannst du die Grössenordnung der Resultate abschätzen. Überprüfe anschliessend mit dem Taschenrechner und notiere deine Feststellungen.

A $80 : 6 = 13.333\ldots$ $8 : 6 = \ldots$ $0.8 : 6 = \ldots$ …

B $80 : 0.6 = 133.333\ldots$ $80 : 0.06 = \ldots$ $80 : 0.006 = \ldots$ …

C $8 : 6 = \ldots$ $0.8 : 0.6 = \ldots$ $0.08 : 0.06 = \ldots$ …

D $0.8 : 0.06 = \ldots$ $0.08 : 0.006 = \ldots$ $0.008 : 0.0006 = \ldots$ …

Grössenordnungen von Resultaten abschätzen. Dezimalbrüche multiplizieren und dividieren.

Fünfer und Zehner

Im Wort «Proportionalität» steckt die Idee, dass *pro Portion* immer ein gleicher Anteil verstanden wird.

Viele Sachverhalte sind proportional und lassen sich einfach berechnen.

	Fünfräppler	**Zehnräppler**	**5 Euro-Cent (Wert ca. 8 Rp.)**
Material	Aluminiumbronze	Kupfernickel	Stahl, verkupfert
Durchmesser	17 mm	19 mm	21.25 mm
Höhe	1.2 mm	1.5 mm	1.67 mm
Gewicht	1.8 g	3.0 g	3.9 g
g/cm³	7.0	7.1	8.1

1. Die angegebenen Werte gelten für neue Münzen. Überprüfe die Werte bei gebrauchten Münzen.

2. Anja, Hubert und Nicole stellen sich einen Stapel Fünfräppler von 1 m Höhe vor.

Anja schätzt: «Der Stapel ist sicher CHF 100.00 wert.»
Hubert schätzt: «Der Stapel ist etwa 1 kg schwer.»
Nicole schätzt: «Damit kann ich die Pultfläche (wie abgebildet) belegen.»
Was meinst du zu diesen drei Schätzungen?
Überprüfe sie und vergleiche.

3. Führe ähnliche Schätzungen mit anderen Münzen durch und überprüfe sie.

4. Mit Fünfräpplern werden verschiedene Flächen belegt (siehe Abbildung zu Aufgabe 2). Schätze und überprüfe.
   A Lehrerpult
   B Schulzimmerboden
   C Pausenplatz

4

Devisenkurse vom 13. Juni 2001

Land	Währung	Kauf CHF	Verkauf CHF
EWU*	EUR	1.5075	1.5435
USA	USD	1.7705	1.8095
England	GBP	2.426	2.486

*Europäische Währungsunion

Wenn jemand am 13. Juni 2001 auf der Bank 100 Euro kaufte, bezahlte er CHF 154.35.

Wenn jemand am 13. Juni 2001 100 Euro in Schweizer Franken wechselte, bekam er CHF 150.75.

5
- **A** Wie viele CHF musste man am 13. Juni 2001 für 200 Dollar bezahlen?
- **B** Wie viel bekam man am 13. Juni 2001 für 500 englische Pfund?
- **C** Berechnet die Preise für andere Wechselgeschäfte am 13. Juni 2001.
- **D** Beschafft aktuelle Wechselkurse und führt Umrechnungen durch.

EUR 60.00
CHF 90.00

EUR 3.00
CHF 4.20

EUR 640.00
CHF 992.00

6 In Domodossola sind Preise manchmal in EUR und in CHF angeschrieben.
- **A** Mit welchen Wechselkursen wurde gerechnet?
- **B** Berechne für die angegebenen EUR-Preise die entsprechenden Preise in CHF am 13. Juni 2001.
- **C** Berechne die entsprechenden Preise mit aktuellen Wechselkursen.
- **D** Welche Beträge in CHF würdest du heute auf den Preisschildern angeben? Begründe.

7 Eurogeld gibt es in Münzen und Noten.
Münzen zu 1, 2, 5, 10, 20, 50 Euro-Cent und zu 1 und 2 Euro.
Noten zu 5, 10, 20, 50, 100, 200, 500 Euro.
Wie viele CHF sind die einzelnen EUR-Münzen und -Banknoten wert?

**Aus Tabellen, Grafiken und Texten Daten entnehmen.
Proportionale Beziehungen erkennen und damit Berechnungen durchführen.**

Wie viel ist viel?

Vieles weist darauf hin, dass es eine Zeit gab, in der die Menschen Anzahlen über vier nicht unterscheiden und benennen konnten. Sie kannten wahrscheinlich nur Zahlen für «eins», «zwei», «drei» und «vier», grössere Anzahlen wurden mit Wörtern wie «viel» oder «unzählig» bezeichnet. Genauso haben die abgeschiedenen Völker im Innern von Australien und Südamerika noch am Anfang des 20. Jahrhunderts gezählt: «eins, zwei, drei, vier, viel». Anzahlen über vier gingen über die Vorstellung dieser Menschen hinaus und waren für sie auch nicht wichtig. Selbst der Rechenmeister Adam Ries (1492–1559) wusste kein Wort für eine Million. Er umschrieb diese Zahl mit «tausend mal tausend». Auch wir können uns grosse Zahlen nur mit Hilfe von Modellen vorstellen.

1 Zentimeter-Würfel

1 000 Zentimeter-Würfel

1 000 000 Zentimeter-Würfel

1 000 000 000 Zentimeter-Würfel

1 000 000 000 000 Zentimeter-Würfel

1 000 000 000 000 000 Zentimeter-Würfel

1 Verfasse einen Text zur Bilderfolge links. Setze die Darstellungen zueinander in Beziehung und verwende die Zahlenangaben.

> Um grosse Zahlen einfacher schreiben zu können, kürzt man sie mit Hilfe von Zehnerpotenzen ab. Der Exponent (die Hochzahl) gibt an, wie oft der Faktor 10 in der Zahl vorkommt.

1000 = 10 · 10 · 10		= 10^3
Tausend		
1 000 000 = 10 · 10 · 10 · 10 · 10 · 10		= 10^6
1 Million		
1 000 000 000 = 10 · 10 · 10 · 10 · 10 · 10 · 10 · 10 · 10		= 10^9
1 Milliarde		
1 000 000 000 000 = 10 · 10 · 10 · … · 10 · 10 · 10		= 10^{12}
1 Billion		
1 000 000 000 000 000 = 10 · 10 · 10 · … · 10 · 10 · 10		= 10^{15}
1 Billiarde		
1 000 000 000 000 000 000 = 10 · 10 · 10 · … · 10 · 10 · 10		= 10^{18}
1 Trillion		
1 000 000 000 000 000 000 000 = 10 · 10 · 10 · … · 10 · 10 · 10		= 10^{21}
1 Trilliarde		

2 Zehn dicht aneinander gelegte Haare sind etwa 1 mm breit. Prüfe das nach. Denke dir eine Million Haare nebeneinander. Das sind sämtliche Kopfhaare von etwa zehn Menschen.
- **A** Wie breit wird der Streifen etwa?
- **B** Wie breit würde der Streifen bei einer Milliarde, bei einer Billion Haare etwa?

3 Wie lang wird die Menschenkette ungefähr, wenn sich
- **A** alle Schüler und Schülerinnen deiner Klasse die Hand reichen?

Wie lang würde die Kette ungefähr, wenn sich
- **B** alle Menschen in deinem Dorf oder deiner Stadt,
- **C** alle 7 Millionen Menschen in der Schweiz,
- **D** alle 6 Milliarden Menschen der Erde die Hand reichen würden?

5

4 Schreibe die Ergebnisse als Wort und als Zahl.

A Tausend mal tausend
Tausend mal eine Million
Tausend mal eine Milliarde
Tausend mal eine Billion
…

B tausend Tausender
eine Million Millionen
eine Million Billionen
eine Million Trillionen
…

C Wie schreibt dein Taschenrechner die Ergebnisse? Beschreibe die Gesetzmässigkeiten.

D Wie kannst du grosse Zahlen in deinen Taschenrechner eingeben?

5 A Welche Zahlen sind in der Stellentafel dargestellt? Lies sie laut und schreibe sie mit Ziffern.

B Welche Zahlen kannst du jeweils erhalten, wenn du einen der Punkte wegnimmst? Schreibe sie auf.

	10^{12}	10^{11}	10^{10}	10^{9}	10^{8}	10^{7}	10^{6}	10^{5}	10^{4}	10^{3}	10^{2}	10^{1}	10^{0}
1.	•			••			•••						
2.							•			••			•••
3.		•	••	•••	•	••	•••	•	••	•••			
4.	•	••											
5.		•	••										
6.			•	••									
7.				•	••								
8.								•	••				

6 A Wo auf dieser Zahlengerade müssten die Zahlen 1, 10 und 100 etwa liegen?

0 — 500 — 1 000

B Wo auf dieser Zahlengerade müssten die Zahlen 1 000, 10 000 und 100 000 etwa liegen?

0 — 500 000 — 1 Million

C Wo auf dieser Zahlengerade müssten die Zahlen 1 Milliarde und eine Billion etwa liegen?

0 — 500 000 — 1 Million

Wie viele Nadeln hat eine etwa 5 m hohe Tanne?
Diese Frage kann man nicht exakt beantworten. Überlegungen können dennoch zu einer vernünftigen Grössenordnung führen. Solche Fragen nennt man «Fermi-Fragen». Mehr darüber erfahrt ihr in der nächsten Lernumgebung. Begründet eure Schätzung zu obiger Frage.

Vorstellungen zu grossen Zahlen aufbauen. Zahlworte von grossen Zahlen und ihre Schreibweise kennen.

Signor Enrico lässt fragen

Enrico Fermi (1901–1954) war Nobelpreisträger und einer der bedeutendsten Physiker des 20. Jahrhunderts. Er pflegte seinen Studierenden eigenartige Fragen zu stellen. Sie stammten keineswegs bloss aus seinem Fachgebiet. Auf den ersten Blick schienen sie oft gar nicht beantwortbar zu sein. Fermi war der Meinung, ein guter Physiker – und überhaupt ein denkender Mensch – müsse zu jeder Frage eine Antwort finden. Bei seinen Fragen ging es nicht um absolut exakte Resultate. Vielmehr legte er Wert auf die Methode, mit der man die richtige «Grössenordnung» herausfinden konnte. Seine wohl bekannteste Frage lautete: «Wie viele Klavierstimmer gibt es in Chicago?» Dabei erwartete er Überlegungen zu: Anzahl Einwohner von Chicago, Anzahl klavierspielende Personen, Anzahl regelmässig benutzte Klaviere, Häufigkeit des Klavierstimmens, Zeitdauer für eine Klavierstimmung. Teilweise mussten zuerst entsprechende Informationen beschafft werden, um zu einem vernünftigen Ergebnis zu kommen.

1 Solche Fermi-Fragen könnt auch ihr finden, wie das Beispiel von Peter zeigt.

Peter erzählt: «Bei uns zu Hause tropft immer ein Wasserhahn. Sicher verlieren wir viel Wasser und viel Geld in einem Jahr.»

Findet zusammen heraus, wie viel das etwa sein könnte.

Zur Information:
- 1 m³ Trinkwasser kostet für einen Haushalt etwa 5 Franken.
- 1 m³ Warmwasser aus dem Boiler kostet etwa 10 Franken.

2 Eine Schulklasse hat in Gruppen folgende Fermi-Fragen bearbeitet:
Welche Fläche könnte man mit dem Papier bedecken, das für den «Tages-Anzeiger» während eines Jahres gebraucht wird?
Auf der rechten Seite seht ihr drei Gruppenarbeiten.
Versucht zu verstehen, wie die Gruppen vorgegangen sind.
- Welche Zahlen auf den Plakaten sind exakt?
- Welche Zahlen sind gemessen?
- Welche Zahlen sind geschätzt?
- Welche Zahlen sind berechnet?

Vergleicht eure Feststellungen.

3 Bearbeitet eine dieser Fermi-Fragen:
- **A** Wie viele Kilogramm Lebensmittel braucht eine Person in einem Jahr? In ihrem Leben?
- **B** Wie viele Kilometer legst du pro Tag zu Fuss zurück? Wie viele in einem Jahr? Würde das in 20 Jahren einmal um die Erde reichen?
- **C** Wie viel kosten die Zigaretten, die ein Raucher im Laufe seines Lebens kauft? Wie viel Geld geht pro Jahr in der Schweiz «im blauen Dunst» auf?
- **D** Wie viele Liter Wasser regnet es während eines Jahres auf die Schweiz herunter?

4 Erfindet eigene Fermi-Fragen und beantwortet sie.

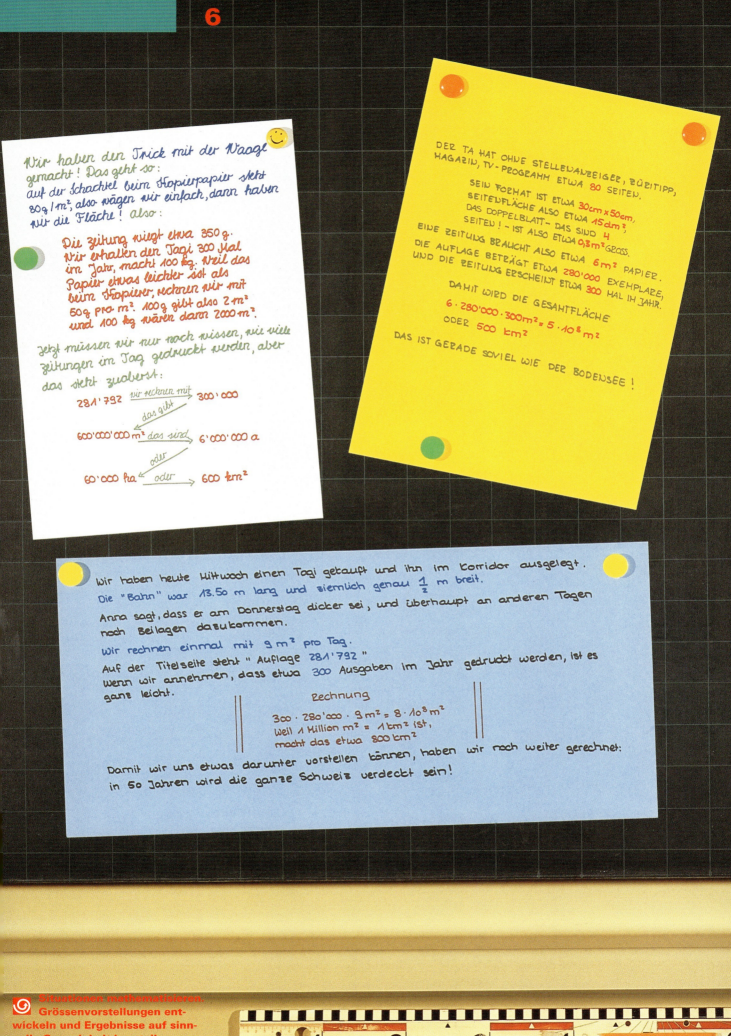

Kalender

**Kalender sind überall!
An Wänden, auf Bürotischen, auf Uhren, im Computer, in Taschenagenden usw.**

Kalender beeinflussen unser Leben. Sie sagen uns, wann wir zur Schule gehen müssen oder dürfen, wann wir Ferien oder Geburtstag haben, wann Weihnachten oder Ostern ist.

Unser Kalender hat sich im Laufe der Geschichte entwickelt. Er wird bestimmt durch die Jahreszeiten und religiöse Feste.

Geburtstag
Du hast festgestellt, dass dein Geburtstag nicht jedes Jahr auf den gleichen Wochentag fällt.

1
- **A** An welchem Wochentag hattest oder hast du in diesem Jahr Geburtstag?
- **B** Auf welchen Wochentag ist dein Geburtstag letztes Jahr gefallen?
- **C** Wie wird es im nächsten Jahr sein?
- **D** Überlege dir, an welchem Wochentag du 16 und an welchem du 20 Jahre alt wirst.

2 Du hast festgestellt, dass sich die Wochentage deines Geburtstages nach einer bestimmten Gesetzmässigkeit verändern.
- **A** Beschreibe diese Gesetzmässigkeit. Wie bist du darauf gekommen?
- **B** Erklärt einander eure Feststellungen.

3
- **A** An welchem Wochentag wurdest du geboren?
- **B** Auf welchen Wochentag fällt dein 100. Geburtstag?
- **C** In welchen Jahren wird dein Geburtstag auf einen Sonntag fallen?

4 Wie ist das für Personen, die an einem 29. Februar geboren wurden?

5 Weihnachten kann man auch als eine Art Geburtstag betrachten. Stelle dir ähnliche Fragen zu diesem Feiertag.

 Wie viele Weihnachtskerzen braucht es pro Jahr in der Schweiz?

7

Teilen mit Rest

6 Eine Woche hat sieben Tage. Dies hat bei euren Überlegungen zu den Geburtstagsproblemen eine zentrale Rolle gespielt.
365 : 7 = 52, 7er-Rest 1
366 : 7 = 52, 7er-Rest 2
Erkläre die Bedeutung der Zahlen.

7 Übertrage diese Tabellen ins Heft. Du kannst sie ausfüllen, ohne zu rechnen.

Zahl	$1 \cdot 365$	$2 \cdot 365$	$3 \cdot 365$	$4 \cdot 365$	$5 \cdot 365$	$6 \cdot 365$	$7 \cdot 365$	$8 \cdot 365$	…
7er-Rest									

Zahl	$1 \cdot 366$	$2 \cdot 366$	$3 \cdot 366$	$4 \cdot 366$	$5 \cdot 366$	$6 \cdot 366$	$7 \cdot 366$	$8 \cdot 366$	…
7er-Rest									

Zahl	$1 \cdot 367$	$2 \cdot 367$	$3 \cdot 367$	$4 \cdot 367$	$5 \cdot 367$	$6 \cdot 367$	$7 \cdot 367$	$8 \cdot 367$	…
7er-Rest									

Zahl	$1 \cdot 371$	$2 \cdot 371$	$3 \cdot 371$	$4 \cdot 371$	$5 \cdot 371$	$6 \cdot 371$	$7 \cdot 371$	$8 \cdot 371$	…
7er-Rest									

Beschreibe und begründe deine Feststellungen.

8 Bestimme die 4er-Reste von Zahlen.

A
Zahl	…	10^5	10^4	10^3	10^2	10^1	10^0
4er-Rest							

B
Zahl	27 653		20 000	7 000	600	50	3
4er-Rest							

C Wähle weitere Zahlen und bestimme wie bei B den 4er-Rest.
Formuliere eine Regel, wie man möglichst einfach den 4er-Rest einer beliebigen Zahl bestimmen kann.

9 Bestimme die 3er-Reste von Zahlen.

A
Zahl	…	10^5	10^4	10^3	10^2	10^1	10^0
3er-Rest							

B
Zahl	54 321		50 000	4 000	300	20	1
3er-Rest							

C Wähle weitere Zahlen und bestimme wie bei B den 3er-Rest.
Formuliere eine Regel, wie man möglichst einfach den 3er-Rest einer beliebigen Zahl bestimmen kann.

Gesetzmässigkeiten unseres Kalenders kennen lernen. Teilbarkeitsregeln finden und anwenden.

Parallelogramme untersuchen

Parallelogramme sind Vierecke mit zwei Paaren paralleler Seiten. Auch Rhomben, Quadrate und

Rechtecke sind Parallelogramme, jedoch mit weiteren speziellen Eigenschaften.

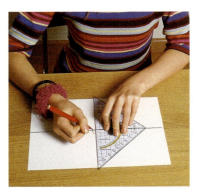
Senkrechte zeichnen

Parallele zeichnen

Diagonale zeichnen

Höhe in einem Parallelogramm zeichnen

1 Zeichne die Figuren in Originalgrösse.

Quadrat
$s = 6$ cm

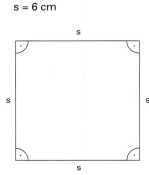

Rhombus
$s = 5$ cm, $e = 8$ cm

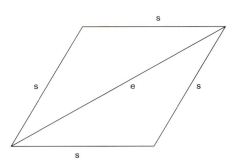

Rechteck
$a = 8$ cm, $b = 5$ cm

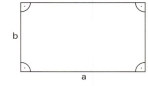

Parallelogramm
$a = 10$ cm, $b = 5$ cm, $h_a = 4$ cm

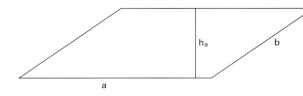

2 Eigenschaften spezieller Vierecke

Welche der folgenden Eigenschaften treffen auf das Quadrat, welche auf das Rechteck, welche auf den Rhombus und welche auf das Parallelogramm zu?

1. Gegenüberliegende Seiten sind immer parallel.
2. Alle Seiten sind gleich lang.
3. Gegenüberliegende Seiten sind immer gleich lang.
4. Die beiden Diagonalen sind gleich lang.
5. Die beiden Diagonalen stehen senkrecht aufeinander.
6. Die beiden Diagonalen halbieren sich gegenseitig.
7. Alle Winkel sind gleich gross.
8. Gegenüberliegende Winkel sind immer gleich gross.

3 Streifenfiguren

A Zeichne diese Figuren genau auf Millimeterpapier und schneide sie aus. Du kannst jede Figur zerlegen und neu zusammensetzen. Ihr Flächeninhalt bleibt gleich. Zerlege und setze jede Figur so zusammen, dass du den Flächeninhalt gut bestimmen kannst. Vergleiche die Flächen der Figuren. Was fällt dir auf?

B Stellt Streifenfiguren her, die sich leicht in ein 15 cm langes und 10 cm breites Rechteck verwandeln lassen.

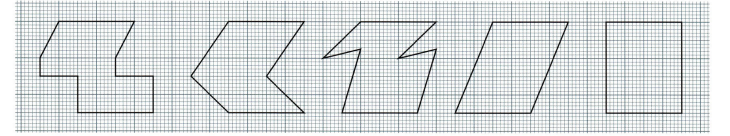

4 Flächen von Parallelogrammen

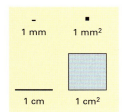

A Zeichne ein Quadrat mit der Seitenlänge 52 mm. Berechne den Flächeninhalt.

B Zeichne ein Rechteck mit den Seitenlängen 45 mm und 75 mm. Berechne den Flächeninhalt.

C Zeichne einen Rhombus mit der Seitenlänge 5 cm und der Höhe 4 cm. Bestimme den Flächeninhalt und beschreibe deinen Lösungsweg.

D Zeichne ein Parallelogramm mit den Seitenlängen 5 cm und 9 cm. Die Höhe auf der längeren Seite beträgt 3 cm. Bestimme den Flächeninhalt und beschreibe deinen Lösungsweg.

5 Parallelogramme vergleichen

A Vergleiche die Flächeninhalte der fünf Parallelogramme mit der gleichen Grundseite s. Was stellst du fest? Begründe.

B Bestimme die Umfänge der fünf Parallelogramme. Was stellst du fest?

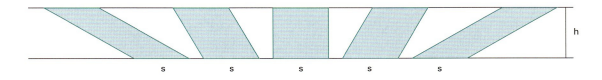

6 Rhomben vergleichen

Vergleiche die Flächeninhalte der fünf Rhomben mit gleichen Seitenlängen s. Was stellst du fest? Begründe.

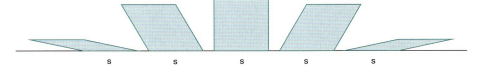

Eigenschaften von Parallelogrammen kennen und ihren Flächeninhalt bestimmen.

Dreiecke als Bausteine

Natürlich lässt sich mit Dreiecken nicht so gut bauen wie mit Quadern. Dennoch können Dreiecke als Bausteine für ebene Figuren bezeichnet werden, weil sich jedes Vieleck in Dreiecke zerlegen lässt. Ein Vieleck ist eine geradlinig begrenzte ebene Figur.

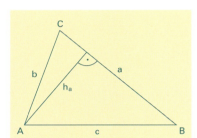

Die kürzeste Verbindungsstrecke von einem Eckpunkt zur gegenüberliegenden Dreiecksseite heisst «Höhe».

Bezeichnung: h_a
Sprich: Höhe auf die Seite a oder kurz Höhe a.

Höhen in Dreiecken

1   **A**   Zeichne mit Zirkel und Massstab ein Dreieck mit den Seiten a = 6 cm, b = 7 cm, c = 8 cm.

    B   Zeichne mit dem Geodreieck von jedem Eckpunkt eine Senkrechte auf die gegenüberliegende Seite. Was stellst du fest?

    C   Miss die Längen der drei Höhen. Bilde jeweils das Produkt mit der Länge der dazugehörenden Dreiecksseite. Was stellst du fest?

2   **A**   Zeichne ein Dreieck mit den Seiten b = c = 9 cm und a = 5 cm.

    B   Zeichne die drei Höhen ein und miss ihre Längen. Was stellst du fest?

3   **A**   Zeichne ein Dreieck mit den Seiten a = 6 cm, b = 8 cm, c = 10 cm.

    B   Zeichne die drei Höhen ein. Was stellst du fest?

4   **A**   Zeichne ein Dreieck mit den Seiten a = 4 cm, b = 6 cm, c = 9 cm.

    B   Zeichne die drei Höhen ein. Verlängere wenn nötig die Dreiecksseiten.

    C   Verlängere die Höhen, bis sie sich schneiden. Was stellst du fest?

Flächen von Dreiecken

5   Zeichne folgende fünf Dreiecke je auf ein unliniertes Blatt der Grösse A5.

Dreieck A: rechtwinkliges Dreieck
Dreieck B: gleichschenkliges Dreieck
Dreieck C: spitzwinkliges Dreieck mit drei verschiedenen Seiten
Dreieck D: stumpfwinkliges Dreieck
Dreieck E: gleichseitiges Dreieck

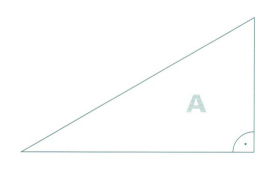
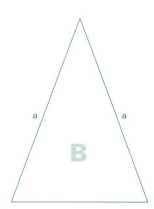

Bestimme die Flächen der Dreiecke A bis E. Du kannst dazu zeichnen, falten, zerschneiden und neu zusammensetzen, messen.
Beschreibe deine Lösungswege so, dass andere sie verstehen.
Tauscht die Ergebnisse aus.

6   **A**   Vergleiche die Ergebnisse der Aufgabe 1C mit den Erkenntnissen aus Aufgabe 5.

    B   Formuliere einen allgemein gültigen Weg, wie man die Fläche eines beliebigen Dreiecks berechnen kann.

9

Das grösste Dreieck im Rechteck

7 Zeichne in ein Rechteck (5 cm · 12 cm) ein Dreieck mit möglichst grosser Fläche. Überprüfe folgende Behauptungen.

- **A** Ein grösstmögliches Dreieck im Rechteck hat mindestens eine Seite mit dem Rechteck gemeinsam.
- **B** Ein grösstmögliches Dreieck im Rechteck hat genau eine Seite mit dem Rechteck gemeinsam.
- **C** Es gibt im Rechteck genau ein grösstes Dreieck.
- **D** Ein Dreieck kann im Rechteck höchstens die halbe Fläche bedecken.
- **E** Ein grösstmögliches Dreieck im Rechteck kann rechtwinklig sein.
- **F** Ein grösstmögliches Dreieck im Rechteck kann spitzwinklig sein.
- **G** Ein grösstmögliches Dreieck im Rechteck kann stumpfwinklig sein.

8 Zeichne ein Rechteck, in dem ein grösstmögliches Dreieck nicht stumpfwinklig sein kann.

Flächen von Vielecken

9 Sind folgende Behauptungen richtig oder falsch?

- **A** Wer weiss, wie man ein Dreieck berechnet, kann auch alle Vierecke berechnen.
- **B** Wer weiss, wie man ein Dreieck berechnet, kann alle Figuren mit geradlinigen Seiten berechnen.
- **C** Wer weiss, wie man ein Dreieck berechnet, kann überhaupt alle Figuren berechnen.

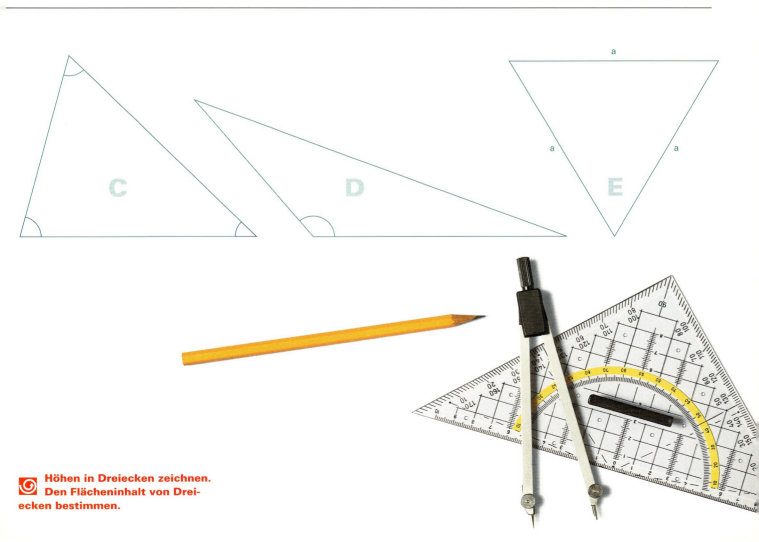

Höhen in Dreiecken zeichnen. Den Flächeninhalt von Dreiecken bestimmen.

X-beliebig

Kennst du den Ausdruck «x-beliebig»? In welchem Zusammenhang brauchst du ihn?

Du weisst, wie man mit bestimmten Zahlen rechnet. Kannst du dir vorstellen, dass man auch mit Zahlen rechnen kann, die man gar nicht kennt?

Ein Beispiel: 5 − 5 = 0. Aber auch 8 − 8 = 0. Überhaupt gilt das für «x-eine» Zahl. Deshalb kannst du schreiben: x − x = 0. Hier steht x für irgendeine x-beliebige Zahl.

Gesetzmässigkeiten an Würfeltürmen

Ein Würfel liegt auf dem Boden. Man kann ihn von allen Seiten betrachten. So sind fünf quadratische Flächen sichtbar. Das Quadrat am Boden ist verdeckt.
5 Quadrate sind sichtbar,
1 Quadrat ist verdeckt.

Bei einem zweistöckigen Turm sind ringsherum und oben insgesamt neun Quadrate sichtbar. Am Boden und im Innern sind drei verdeckt.
9 Quadrate sind sichtbar,
3 Quadrate sind verdeckt.

---

1 Bei einem dreistöckigen Turm …
Welche Zahlen findest du, wenn du weiterbaust?
Erkennst du Gesetzmässigkeiten? Erkläre diese.

2 Wie viele Quadrate sind sichtbar, und wie viele sind verdeckt
  A bei einem zehnstöckigen Turm?
  B bei einem zwanzigstöckigen Turm?
  C Wie bestimmst du die Zahl, wenn das Abzählen zu mühsam wird?

5 Quadrate sind sichtbar,
1 Quadrat ist verdeckt.

9 Quadrate sind sichtbar,
3 Quadrate sind verdeckt.

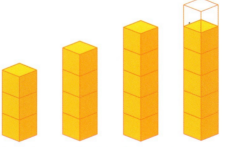

Zwischen der Zahl der Stockwerke und der Zahl der sichtbaren Quadrate besteht ein Zusammenhang:

Stockwerke	sichtbare Quadrate		
1	5	=	4 · **1** + 1
2	9	=	4 · **2** + 1
3	13	=	4 · **3** + 1
4	17	=	
…	…		

Für einen x-beliebigen solchen Turm gilt:
Bei x Stockwerken sieht man 4 · x + 1 Quadrate.
Der Ausdruck 4 · x + 1 liefert die Anzahl sichtbare Quadrate, wenn man für x die Zahl der Stockwerke einsetzt.
Einen derartigen Ausdruck nennen wir «Term».

10

3 Erkläre an zwei verschieden hohen Türmen, wie der Term $4 \cdot x + 1$ zustande kommt.

4 A Suche eine Gesetzmässigkeit für die unsichtbaren Quadrate.
   B Versuche diese Gesetzmässigkeit als Term zu schreiben.
   C Stelle an zwei verschieden hohen Türmen dar, was dein Term ausdrückt.

Würfelschlangen

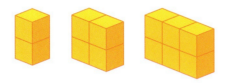

5 A Baue Würfelschlangen. Welche Zahlen und Gesetzmässigkeiten findest du?
   B Schreibe die gefundenen Gesetzmässigkeiten als Terme.
   C Erkläre deine Terme an verschieden langen Schlangen.

Mauern und andere Würfelbauten

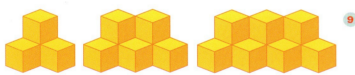

6 A Stelle gleiche Untersuchungen über sichtbare und unsichtbare Quadrate bei zweistöckigen Mauern an.
   B Erkläre deine Terme.

7 A Findest du auch Terme für höhere Mauern?
   B Was findest du, wenn du anstelle der Quadrate einfach die Würfel zählst?

8 Baue Mauern nach eigenen Regeln und suche Gesetzmässigkeiten. Beschreibe diese als Terme. Erkläre die Terme an den Bauten oder an Zeichnungen.

9 Jemand hat aus Würfeln diese Mauern gebaut. Milena und Kevin beschreiben die Anzahl Würfel dieser Mauern unterschiedlich.
   Milena: $2 \cdot x + (x + 1)$ **Kevin: $3 \cdot x + 1$**
   Milena und Kevin haben ihre Überlegungen veranschaulicht:
   A Wer hat wie überlegt?
   B Liefern beide Terme für beliebig lange Mauern die richtige Anzahl Würfel? Begründe deine Antwort.

10 A Skizziere zu dieser 4-gliedrigen Mauer die drei vorausgehenden und die nachfolgende Figur.
   B Erstelle eine Tabelle für die Anzahl der Würfel und beschreibe die Gesetzmässigkeit.
   C Suche einen Term für die Anzahl Würfel.
   D Erkläre durch Färben der Figuren deinen Term.
   E Suche einen anderen Term für die gleiche Mauer. Erkläre ihn durch entsprechende Färbung.

Gesetzmässigkeiten finden, mit Worten und mit Termen beschreiben.

Möglichst geschickt

Buchstaben werden nicht nur für das Bilden von Wörtern gebraucht. Seit über 2 000 Jahren werden sie auch als Platzhalter für Zahlen verwendet. Mit Buchstaben kann man auch allgemeingültige mathematische Gesetzmässigkeiten beschreiben.

1 Du benötigst 12 Jasskarten. Die 6, 7, 8, 9, 10 und Ass (entspricht 11 Punkten) von Kreuz und Herz. Misch die Karten und lege sie in 4 Stapeln zu 3 Karten vor dich hin. Du darfst 2 Karten wegnehmen, wenn ihre Summe 17 ergibt. Im Beispiel unten sind die Karten so gelegt, dass man alle Karten wegnehmen kann.

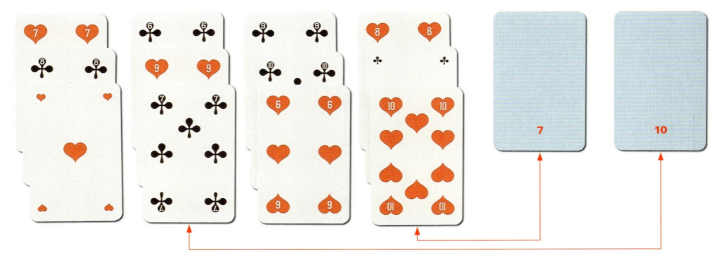

A Spiele einige Male.

B Lege die Karten selbst so hin, dass das Spiel «aufgeht».
Sind verschiedene Reihenfolgen möglich, um Kartenpaare zu ziehen?

C Ist es möglich, dass am Schluss nur 2 Karten übrig bleiben?
Ist es möglich, dass 4 Karten übrig bleiben?

D Wie gross ist die Summe aller 12 Karten? Rechne möglichst geschickt.

2 A Löse die folgenden Rechnungen möglichst geschickt im Kopf.
Notiere deine Rechenwege so, dass andere sie verstehen und nachvollziehen können.

a) $123 + 258 + 12 + 177$ c) $15 \cdot 0.2$
b) $4 \cdot 18 \cdot 5 \cdot 25$ d) $0.9 \cdot 2.5 : 3 : 0.5$

B Tauscht eure Lösungswege untereinander aus.
Welche Rechenwege findest du besonders geschickt?

3 Du weisst ohne zu rechnen, dass $57 + 38$ und $38 + 57$ das gleiche Resultat ergeben müssen. Sicher hast du schon oft die Erfahrung gemacht, dass es praktisch ist, beim Addieren die Reihenfolge zu vertauschen. Man nennt diese Eigenschaft der Addition «Kommutativgesetz». Da dieses Gesetz für x-beliebige Zahlen gilt, kann man es allgemein beschreiben.

> *In Worten:* **Werden zwei Zahlen addiert, darf die Reihenfolge vertauscht werden.**
> *Algebraisch:* **$a + b = b + a$ (a und b stehen für x-beliebige Zahlen)**

A Zeige an Beispielen, dass es auch für die Multiplikation ein Kommutativgesetz gibt.
Formuliere es in Worten und algebraisch.

B Zeige an Beispielen, dass für die Subtraktion das Kommutativgesetz nicht gilt.
Formuliere dies in Worten und algebraisch.

C Zeige an Beispielen, dass für die Division das Kommutativgesetz nicht gilt.
Formuliere dies in Worten und algebraisch.

4 Ein weiteres praktisches Rechengesetz der Addition steckt in folgender Aufgabe:

(45 + 32) + 18 = 45 + (32 + 18). Beachte: Operationen in Klammern rechnet man zuerst.

A Welcher Rechenweg ist für dich einfacher? Warum?

B Dieses Gesetz heisst «Assoziativgesetz». Formuliere es in Worten und algebraisch.

C Ersetze ⊞ durch «⊟» Gilt das Assoziativgesetz immer noch? Begründe.

D Ersetze ⊞ durch «⊡». Gilt das Assoziativgesetz immer noch? Begründe.

E Ersetze ⊞ durch «⊡». Gilt das Assoziativgesetz immer noch? Begründe.

5 Ein weiteres praktisches Rechengesetz heisst «Distributivgesetz».

Es lautet algebraisch: $a \cdot (b + c) = a \cdot b + a \cdot c$.

A Weise das Gesetz an einigen Beispielen nach.

B Gilt auch $a \cdot (b - c) = a \cdot b - a \cdot c$? Begründe deine Antwort.

C Gilt auch $a + (b \cdot c) = a + b \cdot a + c$? Begründe deine Antwort.

D Gilt auch $a : (b + c) = a : b + a : c$? Begründe deine Antwort.

6 Weitere Regeln

Es gelten noch weitere Regeln, als die in den Aufgaben 3 bis 5 erwähnten.

Rechnungen mit mehreren Strichoperationen rechnet man von links nach rechts.
Rechnungen mit mehreren Punktoperationen rechnet man ebenfalls von links nach rechts.
Beispiele: 96 − 50 + 14 − 20 = 40
64 : 8 · 2 · 9 = 36

Bei Rechnungen mit Punktoperationen und Strichoperationen rechnet man zuerst die Punktoperation, dann die Strichoperation (Punkt vor Strich).
Beispiel: 20 + 28 : 4 − 2 · 6
= 20 + 7 − 12
= 15

Klammerregeln
Bei ineinander geschachtelten Klammern rechnet man von innen nach aussen.
Beispiel: 6 · ((15−5) + 30) − 40
= 6 · (10 + 30) − 40
= 6 · 40 − 40
= 200

Beachte beim Ausrechnen die Regeln.

A 960 − 480 + 240 : 120 · 60

B 960 − (480 + 240) : 120 · 60

C 960 − (480 + 240) : (120 · 60)

D (960 − 480) + (240 : 120) · 60

E 9.6 − (4.8 + (2.4 : 1.2) · 0.6)

F ((9.6 − 4.8) + 2.4) : 1.2 · 0.6

G (9.6 − (4.8 + (2.4 : 1.2))) · 0.6

H (9.6 − ((4.8 + 2.4) : 1.2)) · 0.6

7 Ersetze jede Leerstelle ☐ durch eine der vier Grundoperationen (⊞, ⊟, ⊡, ⊡).
Jede Operation kommt genau einmal vor.

100 000 ☐ 100 ☐ 50 ☐ 10 ☐ 5

A Suche das grösstmögliche Resultat.

B Suche das kleinstmögliche Resultat.

C Versuche möglichst nahe an das Resultat 200 000 zu kommen.

D Was ändert, wenn du Klammern setzen darfst?

Arithmetische Gesetze erkennen, formulieren und bewusst anwenden.

Verpackungen

Waren, die zum Kauf angeboten werden, sind häufig verpackt. Eine gute Verpackung spielt in der Werbung eine grosse Rolle.

Oft wird darauf geschaut, dass man mit möglichst wenig Verpackungsmaterial möglichst viel verpacken kann.

1 Vergleicht verschiedene Kartonverpackungen der Firma Tetra Pak.

A Aus welchen Teilflächen sind sie zusammengesetzt? Skizziert mögliche Netze (Abwicklungen).

B Bestimmt die Oberflächen der Verpackungen. Den zusätzlich benötigten Karton für Verschluss und Falze müsst ihr nicht berücksichtigen.

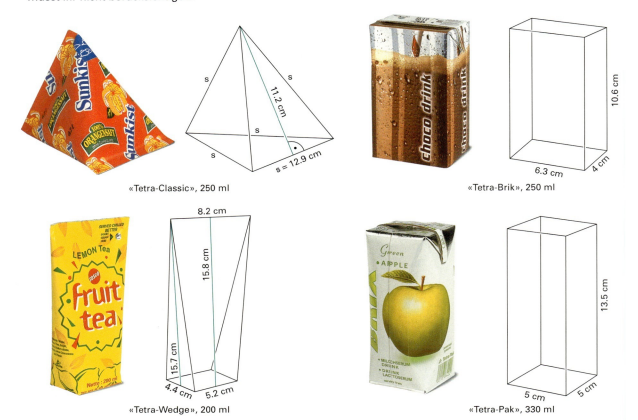

«Tetra-Classic», 250 ml

«Tetra-Brik», 250 ml

«Tetra-Wedge», 200 ml

«Tetra-Pak», 330 ml

2 Das Material für die Getränkeverpackungen wird in riesigen Rollen geliefert. Es gibt Rollen für 250-ml-Verpackungen. Darauf werden zehn Verpackungen nebeneinander gedruckt. Aus einer solchen Rolle fertigt man etwa 120 000 Verpackungen. Eine 250-ml-«Tetra-Brik»-Verpackung wiegt ungefähr 15 g.

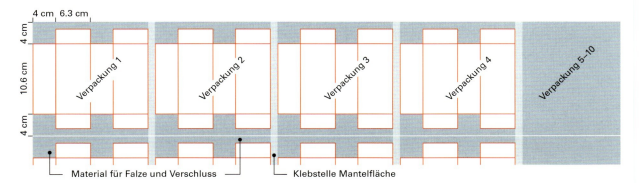

Berechne anhand dieser Angaben jeweils ungefähr

A die Länge der Rolle.

B die Fläche der Rolle.

C das Gewicht der Rolle.

D die Flüssigkeitsmenge, die verpackt werden kann.

12

Christo und Jeanne-Claude (Jahrgang 1935) sind Künstler. Sie gestalten Kunstwerke unter anderem durch Verhüllen von Mauern, einem Gebäude oder einer Brücke und Bäumen oder durch Umgürten von Inseln. Du lernst zwei ihrer bekannten Projekte kennen.

60 m

3 Umsäumte Inseln, Biscayne Bay, Greater Miami/USA, 1980–1983

1983 umrandeten Christo und Jeanne-Claude elf Inseln vor der Küste Miamis in Florida mit schwimmendem Stoff. Insgesamt legten sie mehr als 600 000 m² Stoff entlang der Inselküsten auf die Wasseroberfläche. Die Umrandung bestand aus Stoffstreifen mit einer Breite zwischen 3.7 m und 6.7 m. Die Seitenlängen der Streifen schwankten zwischen 120 m und 190 m.

A Wie gross war die Fläche dieser Stoffstreifen höchstens/mindestens? Rechne mit rechteckigen Stoffstreifen.

B Schätze möglichst gut die Fläche der abgebildeten Insel und die Fläche ihrer «Verpackung». Beschreibe deinen Lösungsweg.

C Christo und Jeanne-Claude verbrauchten pro Insel durchschnittlich 50 000 m² Stoff. Vergleiche mit deiner Schätzung.

D Skizziere eine rechteckige «Insel» mit einem Umfang von 500 m.
Welche Fläche überdeckt eine 60 m breite Umrandung?

4 Verhüllte Bäume, Fondation Beyeler und Berower-Park, Riehen/Schweiz, 1997–1998

In der Vorweihnachtszeit 1998 verpackten Christo und Jeanne-Claude im Berower-Park in Riehen, BS, 178 Bäume mit 55 000 m² Stoff und 23 km Seil. Die Bäume variierten in der Höhe zwischen 2 m und 25 m, im Durchmesser zwischen 1 m und 15 m.

A Vergleiche die Menge des benötigten Stoffs mit einem Fussballfeld von 100 m Länge und 55 m Breite.

B Wie oft könntest du die 23 km Seil um das Fussballfeld legen?

C Wie viel Stoff brauchten Christo und Jeanne-Claude durchschnittlich für einen Baum?

D Wie viel Stoff benötigten sie etwa für den mittleren Baum?

E Wie viele Meter Seil brauchten sie etwa für den mittleren Baum?

F Welche Masse (Höhe und Durchmesser) könnte ein Baum aufweisen, der etwa 1 Are Stoff benötigt?
(1 Are = 1 a = 100 m²)

**Flächenmasse kennen.
Flächeninhalte bestimmen und berechnen.**

Kopfgeometrie

Es gibt Menschen, die gut im Kopf rechnen können. Und es gibt Leute, die sich Gegenstände gut im Kopf vorstellen und sie im Kopf sogar bewegen können. Beide Fähigkeiten kann man trainieren.

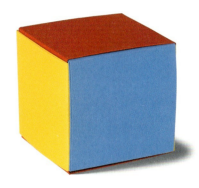

1 Flechtwürfel

Du kannst aus drei Papierstreifen nur durch Falten und Flechten, aber ohne zu kleben, einen Würfel herstellen.

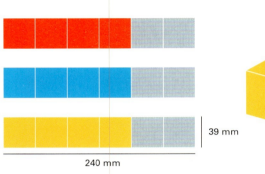

Masse der Streifen

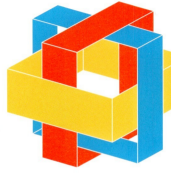

Flechtstruktur

Erkläre jemandem, wie du geflochten hast.

2 Augensummen

A Von einem Würfel kann man gleichzeitig nur drei Seitenflächen sehen. Welches ist die kleinste, welches die grösste Augensumme, die man beim Würfel links auf einen Blick erfassen kann? Zur Erinnerung: Bei einem Spielwürfel beträgt die Augensumme gegenüberliegender Flächen immer 7.

B Begründe, weshalb die Augensumme 8 nicht auf einen Blick erfasst werden kann.

C Welche Summen sind auf einen Blick sichtbar?

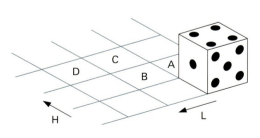

3 Würfel kippen

Der Würfel wird aus seiner Startlage um eine Kante auf das mit A bezeichnete Gitterquadrat gekippt.

A Wie viele Augen sind nun oben?

B Dann geht es weiter über B, C bis zum Feld D. Welche Augenzahl ist nun oben?

C Wähle andere Wege im Gitter nach D. Liegt bei D immer die gleiche Zahl oben?

D Führt man vier Kippbewegungen nach links und dann vier nach hinten aus (abgekürzt LLLLHHHH), steht der Würfel wieder wie beim Start. Es gibt auch andere Wege, bei denen der Würfel am Schluss wieder so wie beim Start steht. Suche solche Wege, die aus 4, 6 oder 8 Kippbewegungen bestehen.

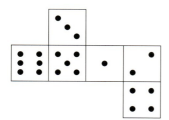

4 Würfelnetz

Nebenstehendes Netz wird so zu einem Würfel gefaltet, dass die Augen sichtbar bleiben.
Welche der unten gezeichneten Würfel sind aus diesem Netz entstanden?
Welche nicht? Begründe!

5 Verdreht und gekippt

Alle Würfel A bis E haben sechs unterschiedlich gestaltete Seitenflächen.
Entscheide für jeden der Würfel 1 bis 15, welcher der Würfel A bis E sich hinter der Nummer verstecken könnte.

   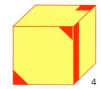 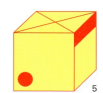

  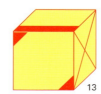 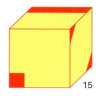

Das Raumvorstellungsvermögen trainieren.

Mit Würfeln Quader bauen

Mit Würfeln kann man Quader bauen und ihre Eigenschaften untersuchen. Diese Eigenschaften lassen sich auch auf so grosse Quader übertragen, die man sich nur noch vorstellen kann.

1 Nimm 40 Holzwürfel und baue einen möglichst grossen Würfel.
   - **A** Wie viele Holzwürfel hast du gebraucht?
   - **B** Aus wie vielen Seitenflächen eines kleinen Holzwürfels besteht die Oberfläche des gebauten Würfels?
   - **C** Baue andere Würfel. Aus wie vielen Holzwürfeln bestehen sie? Erstelle eine Tabelle.
   - **D** Aus wie vielen Seitenflächen eines kleinen Holzwürfels bestehen die Oberflächen der gebauten Würfel? Erstelle eine Tabelle.
   - **E** Denk dir einen Würfel mit 10 (20, 30, …) Holzwürfeln entlang einer Kante. Aus wie vielen Holzwürfeln besteht er? Wie gross ist seine Oberfläche?
   - **F** Denk dir einen Würfel mit x Holzwürfeln entlang einer Kante. Aus wie vielen Holzwürfeln besteht er? Wie gross ist seine Oberfläche?

2 Ein Meterwürfel ist ein Würfel mit der Seitenlänge 1 m. Besitzt ein Körper einen Rauminhalt, der gleich gross ist wie der Rauminhalt eines Meterwürfels, so sagt man, der Körper hat ein Volumen von $1\,m^3$, lies: Kubikmeter. Verfasse entsprechende Texte zum Kubikdezimeter, zum Kubikzentimeter und zum Kubikmillimeter.

3 Stelle dir vor, du hast 64 Würfel mit der Kantenlänge 2 cm. Baue daraus Quader.
   - **A** Bestimme die Volumen dieser Quader.
   - **B** Welcher dieser Quader hat die kleinste Oberfläche? Bestimme sie in cm^2.
   - **C** Welcher dieser Quader hat die grösste Oberfläche? Bestimme sie in cm^2.

4 Wähle drei Seitenlängen a, b, c und denk dir den entsprechenden Quader.
   - **A** Berechne das Volumen deines Quaders.
   - **B** Verdopple eine Seite des Quaders. Wie verändert sich das Volumen?
   - **C** Verdopple zwei Seiten des Quaders. Wie verändert sich das Volumen?
   - **D** Verdopple alle drei Seiten des Quaders. Wie verändert sich das Volumen?
   - **E** Stellt einander eure Ergebnisse vor.

5 Denk dir einen Quader mit den Seitenlängen a, b und c. Berechne das Volumen des Quaders.
   - **A** Verdreifache alle drei Kantenlängen des Quaders. Wie verändert sich das Volumen?
   - **B** Vervierfache alle drei Kantenlängen des Quaders. Wie verändert sich das Volumen?
   - **C** Beschreibe den Sachverhalt allgemein.
   - **D** Wie verhält sich die Oberfläche des Quaders bei den beschriebenen Veränderungen?

6 Unten sind die Netze von vier Quadern gezeichnet.

A Ordne die Oberflächen der vier Quader der Grösse nach.

B Ordne die Volumen der vier Quader der Grösse nach.

C Erkläre dein Vorgehen.

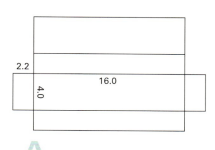
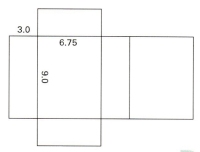

A　　　　　　　　　　　　　　　　　　**B**

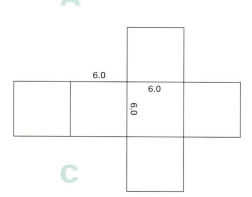
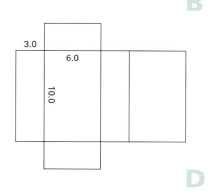

C　　　　　　　　　　　　　　　　　　**D**

Masse in cm

7 Aus einem A4-Blatt kann man das Netz einer Schachtel schneiden.
Wer von euch stellt die Schachtel mit dem grössten Volumen her?

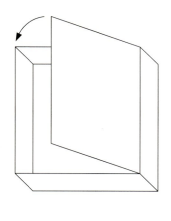

Wie viele Holzwürfel braucht es, um euer Schulhaus zu füllen?

Oberflächen und Volumen von Quadern berechnen.

Knack die Box

Das Wort «Algebra» kommt ursprünglich aus dem arabischen Wort «al-ğabr» und bedeutet «einrichten» oder «ergänzen». Durch geschicktes Einrichten und Ergänzen kann man Probleme lösen oder eben Boxen knacken.

Boxen füllen

1 A Lege mit Hölzchen und leeren Boxen nebenstehende Situation.
Fülle die Boxen nach folgenden Regeln:
  1. Beidseits des Gleichheitszeichens liegen gleich viele Hölzchen.
  2. In Boxen gleicher Farbe liegen jeweils gleich viele Hölzchen.
B Wie viele Hölzchen können in den roten und blauen Boxen liegen?
C Stellt euch gegenseitig solche Aufgaben.

Boxen knacken

2 A Legt nebenstehende Situationen. Jetzt müssen beide Gleichungen gleichzeitig erfüllt werden.
Es gelten immer noch die Regeln:
  1. Beidseits des Gleichheitszeichens liegen jeweils gleich viele Hölzchen.
  2. In Boxen gleicher Farbe liegen in beiden Situationen gleich viele Hölzchen.
B Knackt die Boxen.
C Stellt euch gegenseitig solche Aufgaben.
D Sucht Aufgaben, die sich nicht lösen lassen.

Boxen kurz und bündig

$3 \cdot y + 2 = 2 \cdot x$

3 Jede Boxenanordnung lässt sich in eine Gleichung übersetzen. Für die Anzahl Hölzchen in der blauen Box steht ein x, für die Anzahl in der roten Box ein y.
A Welche Gleichung gehört zu welcher Boxenanordnung?
B Zeichne die fehlende Boxenanordnung.
C Erzeuge zu allen gezeichneten Boxenanordnungen von Aufgabe 1 und 2 die Gleichungen.

Anordnung A    **Gleichung 1** $x + 2 = 2 \cdot y$

Gleichung 2 $x + 2 = y$

Anordnung B   **Gleichung 3** $3 \cdot x = y$

Anordnung C    **Gleichung 4** $x = 3 \cdot y$

Von der Tabelle zur Boxenanordnung

4 In der Tabelle sind Zahlenpaare aufgelistet.
- **A** Ordne jeder Boxenanordnung die passende Tabelle zu.
- **B** Zeichne die fehlende Boxenanordnung.
- **C** Notiere jeweils die passende Gleichung.

Anordnung A

Anordnung B

Anordnung C

Tabelle 1

x	1	2	3	4	5	6
y	3	4	5	6	7	8

Tabelle 2

x	3	6	9	12	15	18
y	1	2	3	4	5	6

Tabelle 3

x	1	2	3	4	5	6
y	3	6	9	12	15	18

Tabelle 4

x	3	4	5	6	7	8
y	1	2	3	4	5	6

Vom Text zur Tabelle

5 Erstelle zu jedem Text eine passende Tabelle.
- **A** In einer roten Schachtel liegen drei Hölzchen mehr als in einer blauen.
- **B** In einer blauen Schachtel hat es doppelt so viele Hölzchen wie in einer roten.
- **C** In einer blauen Schachtel hat es halb so viele Hölzchen wie in einer roten.
- **D** In einer blauen und in einer roten Schachtel hat es zusammen zehn Hölzchen.

6
- **A** Finde zu jedem Text eine entsprechende Boxenanordnung.
- **B** Notiere jeweils die passende Gleichung.

Boxen – Gleichung – Tabelle – Text

7 Jeweils eine Boxenanordnung, eine Gleichung, eine Tabelle und ein Text beschreiben die gleiche Situation. Welche gehören zusammen?

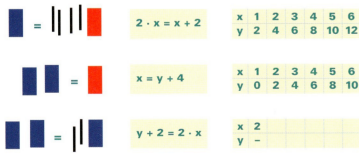

x	1	2	3	4	5	6
y	2	4	6	8	10	12

In einer blauen Schachtel liegen vier Hölzer mehr als in einer roten.

$2 \cdot x = x + 2$

x	1	2	3	4	5	6
y	0	2	4	6	8	10

In zwei blauen Schachteln gibt es zwei Hölzer mehr als in einer roten.

$x = y + 4$

x	2
y	–

In einer roten Schachtel hat es doppelt so viele Hölzer wie in einer blauen.

$y + 2 = 2 \cdot x$

x	5	6	7	8	9	10
y	1	2	3	4	5	6

In einer blauen Schachtel sind zwei Hölzer weniger als in zwei blauen Schachteln.

$2 \cdot x = y$

Wie viele Hölzchen können aus einem Baumstamm hergestellt werden?

🌀 **Bedeutung von Buchstaben in Termen und Gleichungen verstehen. Zusammenhänge zwischen Situationen, Texten, Tabellen und Termen erkennen sowie entsprechende Darstellungen erzeugen.**

Wort – Bild – Term

Wenn wir in einer Situation etwas berechnen wollen, müssen wir ein passendes mathematisches Modell mit einer geeigneten Darstellung haben. Situationen kann man durch Worte, Bilder oder Terme beschreiben.

Ein Beispiel: Im Video-Club bezahlst du 25 Franken Jahresbeitrag und pro ausgeliehenen Film 5 Franken. Diese Situation kann man unterschiedlich darstellen:

Situation

Tabelle

Anzahl Filme	CHF
0	25.00
1	30.00
2	35.00
3	40.00
4	45.00

Term

25 Fr. + x · 5 Fr.

oder kürzer:

25 + 5x

Grafik

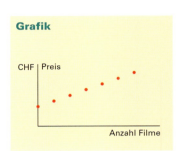

Jedes dieser Modelle zeigt, wie die Situation «Video-Ausleihe» konstruiert ist: Die Modelle und die Situation haben die gleiche Struktur.

Texte und Skizzen

1 Zwei Jugendliche – nennen wir sie Marco und Anja – tragen den «Anzeiger» aus. Die beiden Texte beschreiben unterschiedliche Situationen.

Text A
zuerst: Anja und Marco bedienen zusammen 220 Adressen.
dann: Marco gibt 30 Adressen an Anja ab.

Text B
zuerst: Marco bedient doppelt so viele Adressen wie Anja.
dann: Anja erhält noch 50 dazu, und Marco erhält noch 20 dazu.

- **A** Was ist bei beiden Situationen gleich? Was ist verschieden?
- **B** Was weisst du am Anfang der Situationen? Was weisst du am Schluss?
- **C** Suche mögliche Zahlen für den Anfang und den Schluss der Situationen.
- **D** Stelle beide Situationen in einer Skizze dar.

2 Zwei der skizzierten Situationen (Kopiervorlage) passen zu den Texten in Aufgabe 1.
- **A** Welche Skizze gehört zu welchem Text? Trage die Texte ein.
- **B** Wie könnte der Text zur übrig bleibenden Skizze lauten? Trage ihn ein.
- **C** Vergleiche die Situation aus Aufgabe B mit den beiden anderen. Was ist gleich? Worin unterscheiden sie sich?

3 Skizziere auf einem leeren Blatt eine eigene Anja-und-Marco-Situation. Lasse von jemandem den Text dazu schreiben. Überprüfe, ob deine Skizze richtig verstanden worden ist.

4 Beschreibe auf einem leeren Blatt eine eigene Anja-und-Marco-Situation. Lasse sie von jemandem als Skizze darstellen. Überprüfe, ob die «Übersetzung» geklappt hat.

5 **Tabelle A**

vorher		nachher	
Anzahl von Anja	Anzahl von Marco	Anzahl von Anja	Anzahl von Marco
40	80	70	50
70	140	100	110
90	180	120	150

Tabelle B

vorher		nachher	
Anzahl von Anja	Anzahl von Marco	Anzahl von Anja	Anzahl von Marco
40	80	90	100
70	140	120	160
30	60	80	80

A Eine der beiden Tabellen stellt eine Situation dar, die du bei Aufgabe 1 als Text findest. Übertrage die Zahlen in die entsprechende Tabelle (Kopiervorlage).

B Übertrage die Zahlen der anderen Tabelle in die Situation IV (Kopiervorlage).

C Mache auch zur Situation IV eine Skizze und schreibe einen Text.

Darstellung mit Variablen und Termen

6 Diese vier Darstellungen sind algebraische Modelle zu den vier Anja-und-Marco-Situationen (Kopiervorlage). Ordne sie zu und übertrage sie.

	Anja	Marco
vorher:	x	y
Beziehung:	x + y = 220	
nachher:	x + 50	y + 20

	Anja	Marco
vorher:	x	y
Beziehung:	2 · x = y	
nachher:	x + 30	y − 30

	Anja	Marco
vorher:	x	y
Beziehung:	2 · x = y	
nachher:	x + 50	y + 20

	Anja	Marco
vorher:	x	y
Beziehung:	x + y = 220	
nachher:	x + 30	y − 30

7 Nehmt die Anja-und-Marco-Situation, die ihr bei 3 und 4 erfunden habt. Stellt sie als Tabelle und algebraisch dar.

8 So könnt ihr zu viert trainieren:
1. Jedes denkt sich eine Anja-und-Marco-Situation aus und stellt sie auf einem Blatt algebraisch dar.
2. Gebt das Blatt reihum weiter. Jedes verfasst zur erhaltenen algebraischen Darstellung einen Text.
3. Gebt das Blatt reihum weiter. Jedes zeichnet eine entsprechende Skizze.
4. Gebt das Blatt reihum weiter. Jedes erstellt eine Tabelle und setzt mögliche Zahlen ein.

Gebt das Blatt reihum weiter. Jetzt hat jedes wieder sein eigenes Blatt.
Kontrolliert, ob eure Anja-und-Marco-Situation von den anderen richtig verstanden worden ist.

Situationen erfassen, mit Worten beschreiben, mit Tabellen, Termen oder grafisch darstellen.

Potenzieren

Das Prinzip eines Kettenmails geht so: Jemand schickt eine Botschaft beispielsweise an vier Personen und fordert diese darin auf, das gleiche Mail je an vier neue Personen weiterzuleiten. Und so geht das dann immer weiter. Kettenbriefe oder Kettenmails sind jedoch sehr verpönt.

 Anna schickt einen Kettenbrief weiter. Sie möchte viele Postkarten erhalten.

- **A** Erkläre anhand des Baumdiagramms, was geschieht.
- **B** Wie viele Empfängerinnen und Empfänger gibt es in der 4. Reihe, in der 5. Reihe, in der 6. Reihe usw., wenn alle mitmachen?
- **C** Kann es stimmen, dass man 84 Postkarten erhält?
- **D** In der Schweiz wohnen etwa 7 Millionen Menschen. Nach wie vielen Reihen würden alle 7 Millionen Personen angeschrieben?
- **E** Ein ähnlicher Kettenbrief wird jeweils nur an drei Kameradinnen und Kameraden geschrieben. Zeichne ein Baumdiagramm.
- **F** In der Schweiz ist das Versenden von Kettenbriefen unerwünscht. Weshalb wohl?

17

Die Griechen kannten schon vor etwa 2000 Jahren Potenzen. Sie benutzten noch nicht die heutige Schreibweise. Diophantes (um 250 n. Chr.) brauchte folgende Bezeichnungen:
- Quadrat für x^2
- Kubus für x^3
- Quadratoquadrat für x^4
- Quadratokubus für x^5
- Kubokubus für x^6

Die heute übliche Schreibweise entwickelte der französische Mathematiker René Descartes (1596–1650). Das Wort «Kubus» bedeutet Würfel. Es ist heute noch beispielsweise im Wort «Kubikmeter» enthalten.

2 Stimmen folgende Behauptungen zum Kettenbrief?
- **A** In der 3. Reihe erhalten 64 Leute einen Brief.
- **B** Alle erhalten den Kettenbrief nur einmal.
- **C** Du könntest das Baumdiagramm bis zur 6. Reihe weiterzeichnen und würdest dazu nicht mehr als 10 Minuten benötigen.
- **D** Ein Baumdiagramm mit 6 Reihen könntest du auf ein A4-Blatt zeichnen.
- **E** Wenn man jeweils 8 anstatt 4 Briefe weiterschickt, würde sich der Kettenbrief doppelt so schnell ausbreiten.

3 Erstelle Tabellen in der folgenden Art und erweitere sie.

a	0	1	2	3	4	...
a+2						
a·2						
a^2						
a+5						
a·5						
a^5						
...						

a	1	2	3	5	10	20	...
a^2							
a^3							
a^4							
a^5							
...							

a	1	2	3	5	10	20	...
2^a							
3^a							
4^a							
5^a							
...							

4 Überprüfe die folgenden Behauptungen mit natürlichen Zahlen.
- **A** a · 2 ist immer kleiner als a + 2.
- **B** a · 2 ist immer kleiner als a^2, wenn a grösser als 2 ist.
- **C** Es gibt eine natürliche Zahl, für die gilt: a + 2 = a^2.
- **D** $n^3 \leq 3^n$
- **E** $5^n > 5 \cdot n$

Erfahrungen mit der Operation «Potenzieren» sammeln. Potenzen darstellen und berechnen.

Snowboard

Bei proportionalen Zuordnungen kommt mit jeder zusätzlichen, gleichen Portion (pro Portion) immer gleich viel an Höhe, an Breite, an Gewicht, an Wert … dazu. In realen Situationen sind Zuordnungen oft nur teilweise oder gar nicht proportional.

Härte eines Snowboards bestimmen

Legt ein gebrauchtes Snowboard auf zwei etwa 8 cm hohe Holzklötze. Die Rundungen schauen über die Klötze hinaus. Stellt hinter das Snowboard ein Rechteck aus Karton. Mit einem dünnen Bleistiftstrich markiert ihr, wie hoch die obere Kante des Snowboards über dem Boden steht.

1 Füllt einen Eimer, bis er 5 kg schwer ist. Stellt ihn in der Mitte aufs Snowboard.
Wie fest biegt sich das Snowboard durch?
Notiert den Wert der Biegung in einer Wertetabelle.

Gewicht	kg	0	5	10	15
So viel misst die Biegung	cm	0			

Wiederholt das Experiment mit andern Gewichten.

2 Jemand nennt sein Körpergewicht. Sagt voraus, wie weit sich das Brett biegen wird, wenn er darauf steht.
Wie genau stimmen die Voraussagen mit dem wahren Wert überein?
Tragt den gemessenen Wert in die Wertetabelle ein.

3 Wie weit wird sich das Snowboard durchbiegen, wenn die gleiche Person zusätzlich 5 kg Gewicht in die Hand nimmt?
Wie genau stimmen die Voraussagen mit dem wahren Wert überein?
Tragt den gemessenen Wert in die Wertetabelle ein.

4 Bei welchem Gewicht biegt sich das Snowboard bis zum Boden durch?
A Macht Voraussagen und überprüft sie.
B Kontrolliert, ob dieses Experiment das Brett verändert hat.

5 Stelle die Wertepaare für das Snowboard in einer Grafik dar.
Beschreibe den Zusammenhang zwischen Gewicht und Biegung.

6 Legt das Snowboard flach auf den Boden. Ein gutes Brett berührt in der Mitte den Boden nicht. Man kann es aber mit der Hand leicht auf den Boden drücken. Fachleute nennen das «Vorspannung». Wie viele kg Gewicht entsprechen der Vorspannung?

Rechtecke mit gleichem Flächeninhalt

7 Nimm kariertes Papier. Schneide daraus verschiedene Rechtecke mit der Fläche von 48 Häuschen. Vergleicht die Rechtecke untereinander.
  A Wie viele verschiedene Rechtecke habt ihr gefunden?
  B Wie viele verschiedene Rechtecke mit der Fläche von 48 Häuschen sind überhaupt denkbar?
  C Färbe alle Rechtecke unterschiedlich und schreibe Länge und Breite an.
  D Übertrage alle Werte in eine Wertetabelle.

8 Zeichne zwei senkrechte Achsen auf kariertes Papier. Klebe deine Rechtecke im rechten Winkel so übereinander, wie die Abbildung zeigt.
Nimm an, du würdest noch weitere solche Rechtecke mit einer Fläche von 48 Häuschen aufkleben.
Wo liegt dann jeweils die rechte obere Ecke? Zeichne diese Punkte ein.

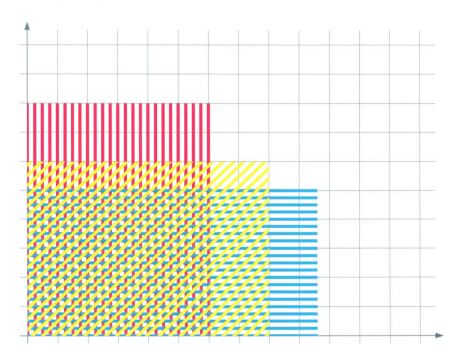

y Häuschen

x Häuschen

9 Vergleiche die Wertetabelle in Aufgabe 7 mit der Grafik in Aufgabe 8.
  A Beschreibe die Zusammenhänge in eigenen Worten.
  B Begründe, warum diese Abhängigkeit keine proportionale Zuordnung ist.

10 Beispiel einer Wertetabelle für Proportionalität

x	1	2	3	4	5	6	7	8	...
y	9	18	27	36	45	54	63	72	...

Beispiel einer Wertetabelle für umgekehrte Proportionalität

x	1	2	3	4	6	8	9	12	...
y	144	72	48	36	24	18	16	12	...

Woran erkennst du in einer Wertetabelle proportionale Zuordnungen?
Woran umgekehrt proportionale Zuordnungen? Beschreibe mit eigenen Worten.

Proportionale und umgekehrt proportionale Zuordnungen erkennen und darstellen.

Bändelischule

Hast du auch schon ein «Foreverli» geknüpft? Diese Freundschaftsbänder stammen ursprünglich aus Lateinamerika. Wenn dir jemand ein solches Bändeli umknüpft, kannst du dir etwas wünschen. Dann darfst du das Bändeli nie mehr ablegen. Wenn es vom langen Tragen schliesslich zerschlissen ist und abfällt, geht dein Wunsch in Erfüllung. Man kann solche Bandmuster nach geometrischen Eigenschaften untersuchen und erzeugen.

Knüpfen nach rechts (A–L)

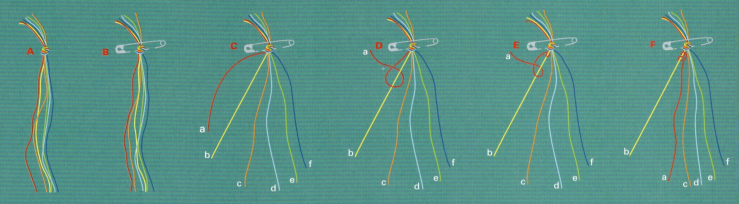

1. Knüpfe nach der folgenden Anleitung ein Bändeli. Du brauchst dazu sechs verschiedenfarbige, ca. 90 cm lange Baumwollfäden (zum Beispiel Perlgarn) und eine Sicherheitsnadel.

A Knüpfe die sechs Fäden ca. 10 cm vom Ende entfernt zu einem Knoten.
B Stich mit einer Sicherheitsnadel durch den Knoten und befestige das Bündel auf einer Arbeitsunterlage. Das kann ein Tischtuch sein oder dein Hosenbein über dem Knie.
C Lege die sechs Fäden aus. Den zweiten von links (b) ziehst du mit der einen Hand straff. Den Faden ganz links (a) greifst du mit der anderen Hand.
D Mache mit dem Faden a eine Schlaufe um den Faden b. Ziehe die Schlaufe ganz satt nach oben gegen den Knoten.

Knüpfen nach links (M–S)

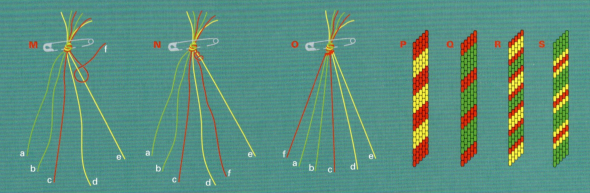

2. Das Bändeli bei der Aufgabe 1 hast du von links nach rechts geknüpft. Nun knüpfst du von rechts nach links. Unten siehst du die Knüpfanleitung. Nimm zwei oder drei Farben. Überlege dir vor dem Knüpfen, wie du die Fäden anordnen musst, damit eines der oben stehenden Muster entsteht.

Knüpfe den Faden f über e. Wir schreiben dafür fe<<. Mit fd<<, fc<<, fb<<, fa<< erhältst du die erste Knotenreihe.
Dann ist Faden e dran: ed<<, ec<< usw.

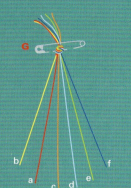    

E Mache eine zweite solche Schlaufe und ziehe auch diese nach oben fest. Was du bis jetzt gemacht hast, heisst «Knoten nach rechts a über b». Abgekürzt schreiben wir dafür: ab>>. Ein Knoten besteht also aus zwei nach oben zusammengezogenen Schlaufen.
F Durch den Knoten ab>> tauschen a und b die Plätze.
G Knüpfe genau gleich ac>>.
H Knüpfe weiter ad>>, ae>> und af>>. Jetzt liegt Faden a ganz rechts.
I Genau gleich knüpfst du nun mit dem Faden b über alle anderen: bc>>, bd>>, be>>, bf>>, ba>>. Jetzt hast du zwei Knotenreihen.

K Fahre mit dem Faden c fort.
L Wenn dein Bändeli lang genug ist, flichtst du die Fäden zu einem dünnen Zopf mit einem Knoten am Ende. Jetzt kannst du den Knoten bei der Sicherheitsnadel lösen und das andere Ende auch mit einem Zopf abschliessen. Die beiden Zöpfe dienen zum Verknoten beim Umbinden des Bändelis.

Knüpfen nach rechts und links (T – V)

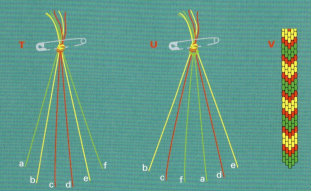

Knüpfen nach rechts und links zum Zweiten (W – X)

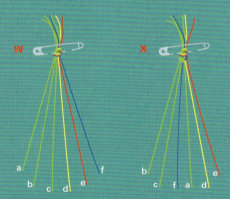

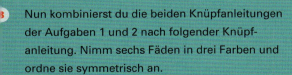

3 Nun kombinierst du die beiden Knüpfanleitungen der Aufgaben 1 und 2 nach folgender Knüpfanleitung. Nimm sechs Fäden in drei Farben und ordne sie symmetrisch an.

Knüpfe ab>>, ac>>, fe<<, fd<<, af>>.
Knüpfe dann bc>>, bf>>, ed<<, ea<<, be>> usw.
Nach dieser Knüpfanleitung erhältst du ein Bändeli mit einer Symmetrieachse in Längsrichtung.

4 Die Knüpfanleitung von Aufgabe 3 wird an einer Stelle leicht verändert. Zudem sollen die drei linken Fäden die gleiche Farbe haben. Dies sorgt für ein völlig anderes Muster.

ab>>, ac>>, fe<<, fd<<, af>>
bc>>, bf>>, ed<<, ea<<, be>>
cf>>, ce>>, da<<, db<<, cd>>
Jetzt liegen die Fäden genau in der umgekehrten Reihenfolge f e d c b a.
fe>>, fd>>, ab<<, ac<<, af<<
(statt af>> wie bei Aufgabe 3)
ed>>, ea>>, bc<<, bf<<, be>> usw.

Allgemein knüpfst du immer zuerst zwei Knoten von links, dann zwei Knoten von rechts. In der Mitte legst du den farblich dreimal vorkommenden Faden über den andern.

Bändelischule

Zeichnen

Das Grundmuster wiederholt sich in regelmässigem Abstand immer wieder. Diesen Abstand nennt man «Rapport». Verschiebt man das Band um den Rapport, sieht es wieder gleich aus. Ein solches Band heisst «Bandornament» oder «Streifenornament».

Viele Bandornamente weisen zusätzlich zur Schiebung noch andere Symmetrien auf. Dieses Muster zum Beispiel hat zusätzlich Punktsymmetrien. Dreht man das Band 180° um einen Symmetriepunkt, sieht es wieder gleich aus.

Dieses Bandornament hat sowohl eine Symmetrieachse in Längsrichtung als auch Symmetrieachsen quer zum Band.

Dieses Bandornament hat zusätzlich zur Schiebung eine Symmetrieachse in der Längsrichtung.

Dieses Bandornament weist eine Gleitspiegelung auf. Eine Gleitspiegelung besteht aus einer Schiebung mit anschliessender Spiegelung an der Längsachse. Fussspuren zeigen häufig eine Gleitspiegelung.

Dieses Bandornament hat zusätzlich zur Schiebung Symmetrieachsen quer zum Band.

Bei diesem Bandornament treten Punktsymmetrie und Symmetrieachse quer zum Band abwechslungsweise auf.

5 Entwirf auf kariertem Papier eigene Bandornamente zu jedem der sieben Typen.

Bändelischule

6. Jedes Bändeli entspricht einem Typ der sieben Bandornamente. Ordne sie zu.

7. Zwei weitere Knüpfregeln sind möglich: ab>< (rechts, links) und ab <> (links, rechts). Solche Knoten bewirken, dass die Reihenfolge der Fäden sich nicht ändert. Damit werden viele zusätzliche Farbanordnungen möglich. Versuche mit Hilfe solcher Knoten die fehlenden Bandornamente zu knüpfen.

Knüpftechnik erlernen und gezielt anwenden. Geometrische Abbildungen erkennen und als Ordnungsprinzip nutzen.

Gebrochene Zahlen unterschiedlich darstellen

Im Alltag begegnen uns gebrochene Zahlen je nach Situation in unterschiedlichen Darstellungen.

50 % bedeutet mathematisch jedoch das Gleiche wie 0.5 oder $\frac{50}{100}$ oder $\frac{1}{2}$ oder …

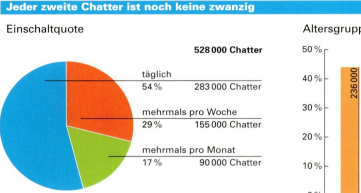

2 ½-Zimmer-Wohnung im 1. OG
Fr. 1290.– + Fr. 70.– NK

3 ½-Zimmer-Dachwohnung im 3. OG
Fr. 1813.– + Fr. 80.– NK

4 ½-Zimmer-Dachwohnung im 3. OG
Fr. 1980.– + Fr. 90.– NK

| Jugendkonto | 2 ½ % |

5,5-Zi.-Eigentumswhg
in 8808 Pfäffikon/SZ

36 % Preisnachlass de réduction

1 **A** Was erzählen dir diese Zahlen? Notiere einige Erkenntnisse und tausche sie mit Kolleginnen und Kollegen aus.
B Überlege dir, in welchen Situationen eher Dezimalbrüche, eher Brüche oder eher Prozente vorkommen.

2 Suche möglichst viele Zusammenhänge zwischen den verschiedenen Zahlen im Beispiel «Chatten».
A Formuliere sie und stelle sie jemandem vor.
B Versucht einzelne Zusammenhänge auch mathematisch mit Termen oder Gleichungen zu beschreiben.

20

Ich trage $\frac{1}{3}$ weniger als du. (10 kg)
Ich schleppe 50% mehr als du. (15 kg)
Die Last ist ungleich verteilt.
Iris trägt 40%, Manuela trägt 60%.

Iris   Manuela

3 Im Bild links werden drei verschiedene Standpunkte vertreten.

A Was haben sich die verschiedenen Personen überlegt?
Haben sie richtig gerechnet? Rechne nach.

B Wer von diesen Personen hat Recht?

C Erfinde eine ähnliche Bildgeschichte mit andern Grössen.
Tauscht diese Geschichten untereinander aus. Rechnet nach.

4

A Was könnte dieses Diagramm für diese Klasse darstellen?

55% 45%

B 5 von 20: Was könnte dieser Ausdruck bedeuten?

C $\frac{8}{20}$: Was könnte dieser Bruch bedeuten?

D 3 von 9 Jungen tragen eine Basketballmütze. Beschreibe diesen Sachverhalt mit einem Bruch oder mit Prozenten.

E Suche weitere Zusammenhänge und stelle sie unterschiedlich dar.

5 Prozentscheibe herstellen

Schneide zwei verschiedenfarbige Rondellen mit einem Radius von 5 cm aus. Schneide bei jeder Rondelle bis in die Mitte ein. Nun kannst du die beiden Rondellen ineinander stecken. Wenn du an den Rondellen drehst, erhältst du zwei verschieden gefärbte Kreisausschnitte. Mit dieser Prozentscheibe kannst du sowohl Bruchteile als auch Prozentanteile des Kreises darstellen. Stelle verschiedene Bruchteile ein und übertrage die Angaben in eine Tabelle.

Zeichnung	Bruch	Dezimalbruch	Prozent
	$\frac{1}{3}$	0.333 …	33.33 … %

Zusammenhänge zwischen den Zahldarstellungen «gewöhnliche Brüche», «Dezimalbrüche» und «Prozente» erkennen und verstehen. Die verschiedenen Darstellungen situationsgerecht verwenden.

Prozente

Prozent (auf Lateinisch «Pro centum») heisst «von hundert». Man schreibt dafür %.

Die Aussage «20 % der Erdbevölkerung sind Europäer» bedeutet: Im Durchschnitt kommen 20 von 100 Menschen aus Europa.
«3 von 20 Schülerinnen und Schülern einer Klasse feiern dieses Jahr ihren Geburtstag an einem Sonntag.» Diese Aussage bedeutet das Gleiche, wie wenn 15 von 100 Jugendlichen an einem Sonntag Geburtstag hätten. Man kann das sagen, weil $\frac{3}{20} = \frac{15}{100}$ sind.
Auch in dieser Situation gilt: «15 % der Schülerinnen und Schüler der Klasse haben dieses Jahr an einem Sonntag Geburtstag.»

Der kleine Prinz

Die grossen Leute haben eine Vorliebe für Zahlen. Wenn ihr ihnen von einem neuen Freund erzählt, befragen sie euch nie über das Wesentliche. Sie fragen euch nie: «Wie ist der Klang seiner Stimme? Welche Spiele liebt er am meisten? Sammelt er Schmetterlinge?» Sie fragen euch: «Wie alt ist er? Wie viele Brüder hat er? Wie viel wiegt er? Wie viel verdient sein Vater?» Dann erst glauben sie, ihn zu kennen.

Le petit prince

Les grandes personnes aiment les chiffres. Quand vous leur parlez d'un nouvel ami, elles ne vous questionnent jamais sur l'essentiel. Elles ne vous disent jamais: «Quel est le son de sa voix? Quels sont les jeux qu'il préfère? Est-ce qu'il collectionne les papillons?» Elles vous demandent: «Quel âge a-t-il? Combien a-t-il de frères? Combien pèse-t-il? Combien gagne son père?» Alors seulement elles croient le connaître.

Il piccolo principe

I grandi amano le cifre. Quando voi gli parlate di un nuovo amico, mai si interessano alle cose essenziali. Non si domandano mai: «Qual è il tono della sua voce? Quali sono i suoi giochi preferiti? Fa collezione di farfalle?» Ma vi domandano: «Che età ha? Quanti fratelli? Quanto pesa? Quanto guadagna suo padre?» Allora soltanto credono di conoscerlo.

21

1 Einzelne Buchstaben kommen in verschiedenen Sprachen unterschiedlich häufig vor. Gibt man die Anzahl einzelner Buchstaben an, so spricht man von «absoluter Häufigkeit». Gibt man den Anteil einzelner Buchstaben in Prozenten an, so spricht man von «relativer Häufigkeit».
Bestimme die absoluten und die relativen Häufigkeiten der angegebenen Buchstaben in den drei Texten (ohne Titel). Erstelle Tabellen.

318 Buchstaben			331 lettres			277 lettere		
	absolute Häufigkeit	relative Häufigkeit		fréquence absolue	fréquence relative		frequenza assoluta	frequenza relativa
a–z	318	100%	a–z	331	100%	a–z	277	100%
a		…%	a, à, â		…%	a, à		…%
e	74	23%	e, é, è	62	…%	e, è	24	…%
i		…%	i, î		…%	i		…%
o		…%	o, ô		…%	o		…%
u		…%	u, ù		…%	u		…%
ä, ö, ü	4							
Vokale	136	43%	**voyelles**		…%	**vocali**		…%

2 Welche der folgenden Aussagen sind richtig?
  A Zu zwei gleichen Prozentzahlen gehören immer die gleichen absoluten Häufigkeiten.
  B Zu gleichen absoluten Häufigkeiten gehören gleiche relative Häufigkeiten.
  C Ist die absolute Häufigkeit für einen Buchstaben 0, dann ist auch die relative Häufigkeit 0%.
  D Die relative Häufigkeit kann nicht grösser als 100% sein.

3 Mit den Prozentangaben können wir die drei Sprachen miteinander vergleichen.
  A In welcher Sprache treten prozentual am meisten Vokale auf?
  B In welcher Sprache tritt e prozentual am häufigsten auf?
  C In welcher Sprache tritt i prozentual am wenigsten häufig auf?
  D Eine der drei Sprachen besteht fast zur Hälfte aus Vokalen. Um welche handelt es sich?

4 Zählt in jedem Text die Wörter.
  A Bei welcher Sprache werden am meisten Wörter benötigt?
  B Wie viele Buchstaben haben die Wörter in den einzelnen Sprachen durchschnittlich?

d'un	2 mots	Est-ce	2 mots
l'essentiel	2 mots	a-t-il	2 mots
qu'il	2 mots	pèse-t-il	2 mots

5 Untersucht und vergleicht eigene Texte.

Wie viele Buchstaben hat es in einem Jahresabonnement einer Tageszeitung?

Aus absoluten Zahlenangaben relative Häufigkeiten berechnen.

Pasta

Teigwaren kann man selber herstellen oder im Geschäft als Frisch- oder Trockenteigwaren kaufen. Beim Essen eines Tellers feiner Pasta denkst du wohl kaum an Mathematik.

Und dennoch: Es braucht einiges an Mathematik, bis der Teller vor dir auf dem Tisch steht.

Rezept für hausgemachte Teigwaren (2–4 Portionen)

Teig herstellen

250 g Mehl (es gibt spezielles Teigwarenmehl)

2 Eier (à 50 g)

1 Esslöffel Olivenöl, entspricht ca. 2 cl (1 cl Olivenöl wiegt etwa 8 g)

1–2 Esslöffel Wasser (1 cl Wasser wiegt 10 g)

$\frac{1}{2}$ Teelöffel Salz, entspricht ca. 0.5 cl (1 cl Salz wiegt etwa 15 g)

Mehl auf dem Tisch anhäufen. In der Mitte eine Vertiefung formen und Eier, Salz und Öl hineingeben. Flüssigkeit mit Mehl zudecken und Teig kneten. Tropfenweise Wasser zufügen, Teig kneten, bis er glänzend und elastisch ist. Teig anschliessend mindestens eine halbe Stunde mit feuchtem Tuch zugedeckt ruhen lassen.

Teig verarbeiten

Teig in vier Teile schneiden. Jedes Stück auf dem leicht bemehlten Tisch zu einem Rechteck von 20 cm · 35 cm auswallen. Das ergibt eine Dicke von 1–2 mm. Teig immer wieder von der Arbeitsfläche lösen. Teig rollen und in ca. 1 cm breite Streifen schneiden.

Tagliatelle

Messerklinge mit dem Rücken voran unter den geschnittenen Nudeln durchführen. Nudeln hochheben, voneinander lösen, locker mit wenig Mehl mischen und sie auf Tüchern ausbreiten.

1
A Wie viele Gramm Teigwaren isst du etwa pro Mahlzeit? Wie viele Gramm isst deine Familie, deine Klasse?
B Wie viele Gramm Teigwaren ergibt das Rezept «Hausgemachte Teigwaren» etwa?

2 Preise (Stand 2002):

1 kg Mehl	CHF	1.80
1 Ei	CHF	0.50
1 l Olivenöl	CHF	10.00
500 g Salz	CHF	0.80

Was kosten die hausgemachten Teigwaren?

3
A Welche Mengen Eier, Mehl, Öl und Salz müssen für dich, deine Familie oder die Klasse für eine Mahlzeit verarbeitet werden? Erstelle eine Tabelle.
B Berechne die Kosten.

4 100 g Frischteig hat ein Volumen von ca. 100 cm³.
Berechne das Volumen für deine Portion, für die ganze Familie oder für die Klasse. Überlege dir, welche Ausmasse ein entsprechender Quader haben könnte.

5 Teigwaren können auch gekauft werden, und zwar als Frischteigwaren oder als Trockenteigwaren.

Frischteig ausgerollt im Verkauf
2 Rollen, 16 cm mal 52 cm

Trockenteigwaren im Verkauf
bereits fertig geformt,
zum Beispiel Nudeln

Preis: 250 g kosten 2.50

Preis: 500 g kosten 2.–

A Vergleicht die Kosten von hausgemachten Teigwaren, Frischteigwaren (Fertigteig) und Trockenteigwaren.

B Beim Entscheid, ob man Teigwaren selber herstellen oder kaufen soll, spielt nicht nur der Preis eine Rolle. Notiert eure Überlegungen.

Informationen vom Teigwarenproduzenten Adrian Pfister

Verkauf in der Schweiz 1998:
Eierteigwaren 70.9 %
Napoli-Teigwaren (ohne Ei) 26.4 %
Vollkornteigwaren 0.1 %
andere (inkl. Frischteigwaren) 2.6 %

Fabrikationsrezept für Krawättli:
1 000 kg Hartweizengriess
140 kg Vollei flüssig
190 l Wasser

Fabrikationsrezept für Spinatnudeln:
1 000 kg Hartweizengriess
140 kg Vollei flüssig
177 l Wasser
30 kg Spinat
Beim Trocknen verlieren die Teigwaren 88 % des Wassers.

Vollei flüssig:
Flüssigkeit, die aus verarbeitetem, pasteurisiertem Ei besteht.
Sie enthält bereits das nötige Salz.

«Der Bund», 4. März 2000

Immer mehr Pasta

Die Schweizerinnen und Schweizer haben offenbar Heisshunger auf Pasta. Mit 10.1 kg pro Person haben sie 1999 so viele Teigwaren gegessen wie noch nie. Insgesamt wurden letztes Jahr 72 240 t Trockenteigwaren konsumiert, wie die Vereinigung der Schweizerischen Teigwarenindustrie SWISSPasta mitteilte. Verglichen mit dem Vorjahr entspricht dies einer Zunahme von 5.1 Prozent oder rund 500 g pro Person. Vom Pasta-Boom profitierten in erster Linie die Teigwarenimporte. Die Einfuhren stiegen um knapp 20 Prozent auf 21 508 Tonnen, was einem Marktanteil von 30 Prozent entspricht. 90 Prozent der eingeführten Teigwaren kamen aus Italien. Die Verkäufe der inländischen Teigwarenfabriken erreichten mit 50 732 Tonnen genau den Vorjahresstand.

6 Ausgehend von diesen Informationen kann man sich sehr viele Fragen stellen und beantworten. Zum Beispiel:

A Wie viele Kilogramm Teigwaren wurden 1998 in der Schweiz pro Person gegessen?

B Wie schwer waren die Nudeln in einem 500-g-Pack vor dem Trocknen?

C Stellt euch ähnliche Fragen und führt entsprechende Berechnungen durch.

Wie viele Kilometer Spaghetti isst du pro Jahr?

Die Anwendbarkeit von Mathematik in der Sachsituation «Pasta» erfahren. Grössenvorstellungen weiterentwickeln. Mit sinnvoller Genauigkeit rechnen.

Fernsehgewohnheiten

Umfragen dienen unter anderem dazu, die Gewohnheiten von Konsumentinnen und Konsumenten in Erfahrung zu bringen. Dadurch kann man das Angebot besser auf ihre Bedürfnisse ausrichten. Die Daten werden mit Computern ausgewertet und dargestellt. Vielleicht möchtet ihr auch einmal eine Umfrage starten. Am Beispiel «Fernsehgewohnheiten» wird gezeigt, wie man eine solche Umfrage durchführen und auswerten könnte.

1 Bei einer Umfrage muss zuerst klar sein, was man von wem überhaupt wissen will. Hier siehst du einige Beispiele:
Wie lange wird pro Wochentag fern geschaut?
Welche Sendungen werden geschaut?
Schauen Jungen mehr als Mädchen?
Welches sind bevorzugte Sendungen?
usw.

Entscheidet euch, wem ihr die Fragen stellen wollt, der eigenen Klasse oder anderen Klassen? Stellt Fragen zusammen, die euch interessieren. Diskutiert anschliessend mögliche Fragestellungen und entscheidet euch, welche ihr in die Umfrage aufnehmen wollt.

2 Bevor ihr die Umfrage startet, müsst ihr einen Fragebogen ausarbeiten. Der Fragebogen soll euch die spätere Auswertung erleichtern.
Unten siehst du ein Beispiel, wie ein Fragebogen «Fernsehgewohnheiten» aussehen könnte. Erkläre jemandem, was gefragt wird. Für euren Fragebogen habt ihr sicher eigene Ideen.

Ihr habt euch unter Aufgabe 1 mögliche Fragestellungen ausgedacht. Stellt verschiedene Fragebogen zusammen, diskutiert sie und entscheidet euch für einen.

Kopiert den Fragebogen in genügender Anzahl. Entscheidet euch, ob ihr bei der Umfrage den Fragebogen abgeben wollt oder ob ihr die Antworten direkt selbst eintragen wollt.

Startet eure Umfrage.

Fernsehgewohnheiten

Geschlecht: m ☐   w ☐   (ankreuzen)
Alter: _____ Jahre

Wie viele Minuten schaust du etwa fern?

	nie	0–30	30–60	60–90	90–120	>120
Mo	☐	☐	☐	☐	☐	☐
Di	☐	☐	☐	☐	☐	☐
Mi	☐	☐	☐	☐	☐	☐
Do	☐	☐	☐	☐	☐	☐
Fr	☐	☐	☐	☐	☐	☐
Sa	☐	☐	☐	☐	☐	☐
So	☐	☐	☐	☐	☐	☐

Welche Art von Programm siehst du?

	oft	manchmal	nie
Nachrichten	☐	☐	☐
Spielfilme	☐	☐	☐
Tierfilme	☐	☐	☐
Sport	☐	☐	☐
Werbung	☐	☐	☐
Serien	☐	☐	☐
Musik und Unterhaltung	☐	☐	☐
Andere	☐	☐	☐

23

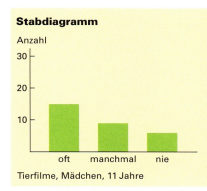

3 Der Fragebogen wird ausgewertet. Dazu erstellt man am besten Strichlisten, zum Beispiel:
- **A** Wie viele Jungen wurden befragt?
- **B** Erkläre jemandem, was die Zahlen bedeuten.

4 Bei einigen Resultaten interessieren die Durchschnittswerte, zum Beispiel:
Wie lange schauen die Jungen durchschnittlich pro Tag fern, wie lange die Mädchen?
- **A** Wie lange schauten die Jungen aus dem Fragebogen links durchschnittlich am Samstag fern?
- **B** Berechnet einige Durchschnittswerte zu eurer Umfrage.

5 Die Umfrageergebnisse werden dargestellt. Dazu benötigt man häufig folgende Darstellungen:

Stabdiagramm

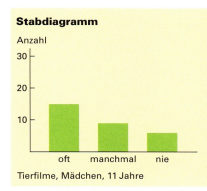

Tierfilme, Mädchen, 11 Jahre

Das Stabdiagramm (oder Blockdiagramm oder Balkendiagramm) wird meistens gebraucht, wenn man einen Zustand darstellen will.
- **A** Wie viele Mädchen schauen oft, manchmal, nie Tierfilme?

Liniendiagramm

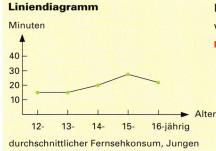

durchschnittlicher Fernsehkonsum, Jungen

Das Liniendiagramm wird meistens gebraucht, wenn man eine Entwicklung aufzeigen will.
- **B** In welchem Alter schauen die Jungen durchschnittlich am längsten fern? Wie lange etwa pro Tag?

Kreisdiagramm

Total 150 befragte Jugendliche

Das Kreisdiagramm wird meistens gebraucht, wenn man relative Häufigkeiten (Prozentangaben) darstellen will.
- **C** Wie viele Jungen, wie viele Mädchen wurden befragt?

6 Erstellt zu euren Auswertungen geeignete Diagramme.

Eine Umfrage planen, durchführen und die Ergebnisse darstellen.

Boccia – Pétanque – Boule

Boccia, Pétanque und Boule sind Namen für Kugelspiele, die im Freien gespielt werden. Die Spielidee ist immer die gleiche: Man versucht, die eigenen Kugeln näher bei einer Zielkugel (Schweinchen, Cochonnet, But oder Pallina) zu platzieren als das gegnerische Team.

Spielregeln: Boule (Jeu Pétanque)

Es spielen zwei Teams gegeneinander. Ein Team besteht entweder aus zwei Spielenden mit je drei Kugeln oder aus drei Spielenden mit je zwei Kugeln.

Spielverlauf

Team Grün beginnt. Der erste Spieler zeichnet einen Kreis und stellt sich hinein. Er wirft das Schweinchen 6–10 m weit und anschliessend seine 1. Kugel möglichst nahe zum Schweinchen.

Nun stellt sich der erste Spieler von Team Rot in den Kreis und versucht, seine erste Kugel näher beim Schweinchen zu platzieren als die Kugel von Grün. Die Spieler von Team Rot werfen so lange, bis mindestens eine ihrer Kugeln näher beim Schweinchen liegt als die beste Kugel von Team Grün.

Jetzt ist wieder Team Grün an der Reihe.

Wenn ein Team keine Kugeln mehr hat, werfen die Spieler des anderen Teams ihre restlichen Kugeln. Danach werden die Punkte gezählt. Gewinnpunkte bringen alle Kugeln, die näher beim Schweinchen liegen als die beste Kugel des gegnerischen Teams.

Gewinnpunkte

Sind die Punkte gezählt, wird ein neuer Kreis gezogen und die nächste Runde beginnt mit dem Team, welches zuletzt Punkte erzielt hat.

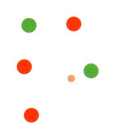

Team Grün gewinnt einen Punkt.

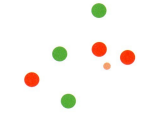

Team Rot gewinnt zwei Punkte.

Schluss des Spiels

Das Team, das zuerst 13 Punkte erreicht, gewinnt das Spiel.

24

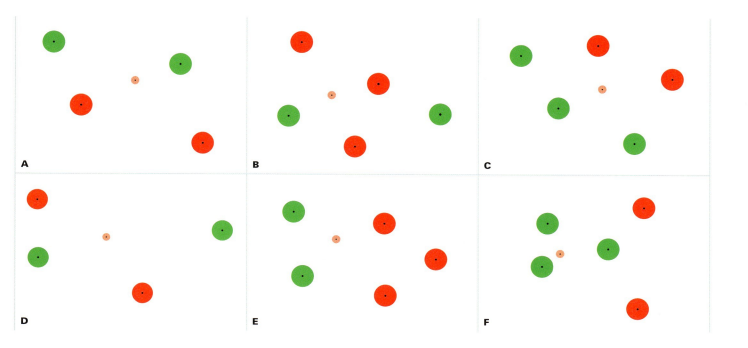

Der Abstand eines Punktes zu einer Geraden ist die Länge des Lots vom Punkt P zur Geraden g.

1 Hier siehst du verschiedene Spielsituationen. Entscheide jeweils nach Augenmass (d.h. ohne fremde Hilfsmittel), welches Team («Grün» oder «Rot») gewonnen hat und mit wie vielen Kugeln. Welche Situationen sind besonders heikel? Wie kann man jetzt die Gewinnkugel feststellen? Erkläre.
Bei welchen Situationen geht das Spiel unentschieden aus?

2 Zeichne zwei Punkte auf ein Blatt. Sie stellen zwei Kugeln dar. Wo könnte das Schweinchen liegen, wenn das Spiel unentschieden ausgeht?

P •

• Q

A Zeichne einige Punkte, welche die Lage des Schweinchens darstellen.
B Konstruiere möglichst exakt alle Punkte, welche von den gegebenen Punkten gleich weit entfernt sind.

3 Zeichne zwei sich schneidende Geraden.
A Zeichne einige Punkte, welche von den beiden Geraden g, h den gleichen Abstand haben.
B Konstruiere möglichst exakt alle Punkte, welche von den beiden Geraden gleich weit entfernt sind.

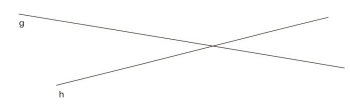

Geometrische Grundkonstruktionen verstehen und exakt zeichnen.

Schmetterling und Propeller

Viele Gegenstände bestehen aus zwei gleichen Hälften, sie sind symmetrisch. Ein Spiegel macht aus einer halben Brille eine «ganze». Der Spiegel wirkt als Symmetrieebene.

Bei ebenen Figuren kann eine Symmetrieachse die Rolle des Spiegels übernehmen.
Diese Art von Symmetrie heisst «Achsensymmetrie».

Ist ein Gesicht symmetrisch?

   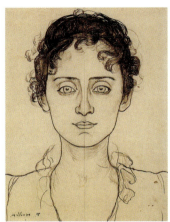

1. Der Schweizer Maler Ferdinand Hodler zeichnete vor hundert Jahren seine Frau Berthe.
   A Welche der vier Darstellungen zeigt Hodlers Bild? Suche verschiedene Begründungen.
   B Was erkennst du bei den drei anderen Bildern?

2. Stelle von einem Foto, das dein Gesicht von vorne zeigt, Kopien auf Folien her.
   Fertige daraus vier solche Ansichten.

Ist ein Propeller symmetrisch?

Das Bild eines Schmetterlings ist achsensymmetrisch.
Aber wie steht es mit dem Bild eines Propellers?

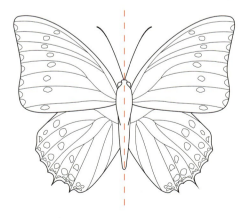 

3. Durch welche Bewegung vertauschen die beiden Flügel des Propellers ihre Plätze?

4. Erfinde andere Figuren, die «propellersymmetrisch» sind.

Sind Spielkarten symmetrisch?

5
- **A** Was unterscheidet die beiden Karten?
- **B** Welche ist richtig?
- **C** Was stimmt an der anderen nicht?

Viele Spielkarten sind in der gleichen Art symmetrisch wie das Bild eines Propellers.
Nach einer halben Umdrehung um den Mittelpunkt sieht es wieder gleich aus.
Diese Art von Symmetrie heisst «Punktsymmetrie». Das Zentrum heisst «Symmetriepunkt».

Achsensymmetrie und Punktsymmetrie
Diese vier Bilder hat der aus Ungarn stammende französische Maler Victor Vasarely gemalt.
Viele seiner Bilder hat er streng nach geometrischen Regeln konstruiert. Dabei spielen Symmetrien eine grosse Rolle.

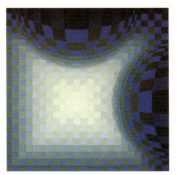
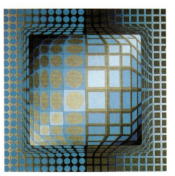

6 Stelle bei diesen Bildern fest, ob sie achsensymmetrisch, punktsymmetrisch, beides oder keines von beidem sind.

7 Zeichne die innersten vier Quadrate des letzten Bildes vergrössert nach.
Färbe sie so, dass die Darstellung achsensymmetrisch wird.

8 Zeichne ein eigenes Bild mit Kreisen und Quadraten so, dass
- **A** es punktsymmetrisch wird.
- **B** es sowohl achsen- als auch punktsymmetrisch wird.

Achsen- und Punktsymmetrie wahrnehmen, unterscheiden und erzeugen.

America's Cup

Der America's Cup ist die wohl berühmteste Segelregatta der Welt. Sie wird seit 1851 ausgetragen und findet in der Regel alle drei Jahre statt. Die besten Segelboote aus aller Welt nehmen jeweils teil. Nach etlichen Vorausscheidungen und Zwischenrunden qualifizieren sich schliesslich zwei Boote für das Finalrennen.

Regattaspiel

Wir ahmen eine Regatta nach. Es geht darum, von der Startlinie aus links um die Boje und zurück über die Ziellinie zu «segeln». Ihr braucht die Kopiervorlage «America's Cup», zwei Spielwürfel, ein Geodreieck und zwei Farbstifte.

Spielregeln

Beide Spielenden bestimmen auf der Startlinie einen Startpunkt und zeichnen ihn auf der Kopiervorlage «America's Cup» ein. Es wird gewürfelt. Wer die höhere Augenzahl hat, beginnt. Jetzt werden abwechslungsweise beide Würfel gleichzeitig geworfen. Die Augenzahl des einen Würfels bestimmt die Länge der Strecke, die man auf dem Spielplan segeln darf. Die Augenzahl des andern Würfels bestimmt die Richtung, in der man segelt. Diese Richtung ist durch den Winkel zur Windrichtung festgelegt. Man darf selber entscheiden, welcher Würfel die Länge und welcher die Richtung festlegt. Die Tabelle auf der rechten Seite zeigt, was die Augenzahlen bedeuten.

Gewonnen hat, wer zuerst die Ziellinie überquert.
Viel Spass beim America's Cup!

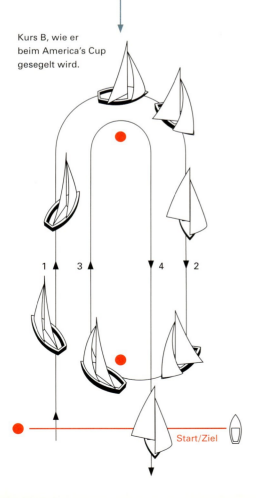

Kurs B, wie er beim America's Cup gesegelt wird.

26

Kleine Segelkunde

Das Schwert ist eine senkrecht ins Wasser gesetzte Platte, die das Abtreiben des Bootes vermindert. Dadurch kann sich ein Segelboot nicht nur in Windrichtung fortbewegen («vor dem Wind segeln»), sondern auch quer zum Wind («querab segeln») und sogar fast gegen den Wind («hart am Wind segeln»).

Augenzahl Würfel A	Länge (in cm)	Augenzahl Würfel B	Winkel zur Windrichtung gegen den Wind (in Grad)	Winkel zur Windrichtung mit dem Wind (in Grad)
1	2	1	90	75
2	**3**	**2**	**85**	60
3	4	3	75	45
4	**5**	**4**	65	**30**
5	6	5	55	15
6	7	6	45	0

Mit dem Farbstift trägt man die Strecke ein, die man mit diesem Zug segeln darf.

Beispiele:

Gegen den Wind segeln
Möglichkeit 1: Eine Strecke von 5 cm segeln, 85° zur Windrichtung.
Möglichkeit 2: Eine Strecke von 3 cm segeln, 65° zur Windrichtung.

Mit dem Wind segeln
Möglichkeit 1: Eine Strecke von 5 cm segeln, 60° zur Windrichtung.
Möglichkeit 2: Eine Strecke von 3 cm segeln, 30° zur Windrichtung.

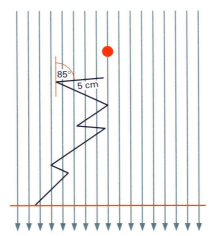
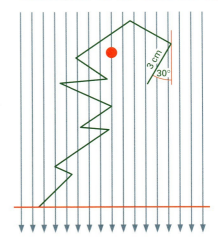

Winkel messen und abtragen.

Schieben – Drehen – Zerren

Alles bewegt sich. Von den winzigen Atomen bis zu den riesigen Galaxien. Bewegungen können kompliziert sein, wie zum Beispiel der Sprung einer Kunstspringerin vom Sprungturm. Einfacher bewegt sich ein Kind auf dem Karussell. – Wirklich? – Das Karussell ist auf der Erde. Diese dreht sich um die eigene Achse. Zugleich kreist sie um die Sonne. Die Sonne dreht sich mit der Milchstrasse. Die Milchstrasse rast durch den Weltraum. – Bewegt sich das Kind auf dem Karussell einfach?

In der Geometrie beschränkt man sich auf einfache Bewegungen. Man betrachtet nur Anfang und Ende der Bewegung. Eine geometrische Abbildung beschreibt, wie die Punkte einer Originalfigur und der Bildfigur einander zugeordnet werden. Du kennst das von der Achsenspiegelung.

A

Auch eine Drehung ist durch zwei Dinge bestimmt: einen Drehpunkt und einen Drehwinkel. Winkel messen wir in Grad. Man unterscheidet zwischen Drehungen im Uhrzeigersinn und im Gegenuhrzeigersinn. Wir legen fest: Wenn nichts anderes gesagt ist, messen wir im Gegenuhrzeigersinn.

B

Dies ist eine spezielle Kongruenzabbildung. Die Originalfigur wird um 180° gedreht oder an einem Punkt gespiegelt. Diese Abbildung heisst «Punktspiegelung».

C

Wenn bei einer geometrischen Abbildung die Originalfigur und die Bildfigur dieselbe Form haben, bleiben alle Winkel der Figur gleich gross. In der Geometrie sagen wir dem «ähnlich». Vergrösserte oder verkleinerte Figuren sind zueinander ähnlich. Diese Abbildungen heissen «Ähnlichkeitsabbildungen».

Wenn bei einer geometrischen Abbildung sowohl die Winkel wie auch die Längen gleich bleiben, haben Originalfigur und Bildfigur dieselbe Form und dieselbe Grösse. Solche Figuren nennen wir «deckungsgleich» oder «kongruent». Diese Abbildungen heissen «Kongruenzabbildungen».

D

Es gibt noch kompliziertere geometrische Abbildungen, bei denen Form und Winkel verändert werden.

E

F

Eine einfache geometrische Abbildung ist die Schiebung. Alle Punkte werden um den gleichen Abstand in die gleiche Richtung geschoben. Deshalb kann man eine Schiebung mit einem Pfeil darstellen. Er zeigt an, in welche Richtung und um welche Länge geschoben wird.

G

Es gibt noch kompliziertere geometrische Abbildungen, bei denen Form und Winkel verändert werden.

H

1 In der Geometrie beschränkt man sich auf einfache Bewegungen. Man betrachtet nur Anfang und Ende der Bewegung. Eine **geometrische Abbildung** beschreibt, wie die Punkte einer **Originalfigur** und der **Bildfigur** einander zugeordnet werden. Du kennst das von der Achsenspiegelung.
Welche weiteren geometrischen Abbildungen kennt ihr bereits?
Beschreibt sie und zeichnet Beispiele.

2 Eine einfache geometrische Abbildung ist die **Schiebung.** Alle Punkte werden um den gleichen Abstand in die gleiche Richtung geschoben. Deshalb kann man eine Schiebung mit einem Pfeil darstellen. Er zeigt an, in welche **Richtung** und um welche **Länge** geschoben wird.
Wo kommen Schiebungen vor? Beschreibt oder zeichnet Beispiele.

3 Auch eine **Drehung** ist durch zwei Angaben bestimmt: einen **Drehpunkt** und einen **Drehwinkel.** Winkel messen wir in Grad. Man unterscheidet zwischen Drehungen im Uhrzeigersinn und im Gegenuhrzeigersinn. Wir legen fest: Wenn nichts anderes gesagt ist, messen wir im Gegenuhrzeigersinn.
Wo kommen Drehungen vor? Beschreibt oder zeichnet Beispiele.

4 Wenn bei einer geometrischen Abbildung sowohl die Winkel als auch die Längen gleich bleiben, haben Originalfigur und Bildfigur dieselbe Form und dieselbe Grösse. Solche Figuren nennen wir «deckungsgleich» oder «kongruent». Diese Abbildungen heissen **Kongruenzabbildungen.**
Welche Abbildungen auf der linken Seite sind Kongruenzabbildungen?

5 Wenn bei einer geometrischen Abbildung die Originalfigur und die Bildfigur dieselbe Form haben, bleiben alle Winkel der Figur gleich gross. In der Geometrie sagen wir dem «ähnlich». Vergrösserte oder verkleinerte Figuren sind zueinander **ähnlich.** Diese Abbildungen heissen **Ähnlichkeitsabbildungen.**
Welche Abbildung auf der linken Seite ist eine Ähnlichkeitsabbildung?

6 Es gibt noch kompliziertere geometrische Abbildungen, bei denen Form und Winkel verändert werden.
Beschreibt, wie solche Abbildungen hergestellt werden können.

7 Stelle aus dünnem Karton die Schablone für ein Rollbrett her. Der Rand soll ein Viereck mit genau einem rechten Winkel sein. Die Räder kannst du gut mit dem Locher ausstanzen. Zeichne mit der Schablone eine geometrische Abbildung. Färbe das Vorderrad bei der Originalfigur rot, bei der Bildfigur blau. Beschreibe dein Vorgehen.

Kongruenzabbildungen erkennen, unterscheiden und erzeugen.

Summen

In Termen treten anstelle von beliebigen Zahlen Variablen auf, zum Beispiel: 4 · a + 2 · b + 1. Terme kann man umformen und man kann mit ihnen wie mit Zahlen operieren.

Gleisanlagen: Terme bilden und berechnen

Die Baugrösse Z ist das kleinste elektrische Modelleisenbahnsystem. Schienen und Wagen werden im Massstab 1:220 nachgebaut.

In einer Schachtel liegen diese Schienensorten:

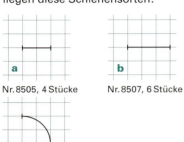

Nr. 8505, 4 Stücke
Nr. 8507, 6 Stücke
Nr. 8530, 8 Stücke

Daraus lassen sich Gleisanlagen bauen:

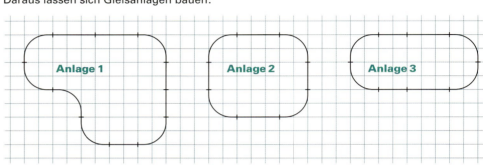

Anlage 1   Anlage 2   Anlage 3

1 Die einzelnen Schienensorten haben folgende Längen a, b, c:
Schiene Nr. 8505   a = 22 cm
Schiene Nr. 8507   b = 33 cm
Schiene Nr. 8530   c = 35 cm
Berechne die Längen der Anlagen 1 bis 3.

2 Caroline hat die Länge der Anlage 1 als Term so aufgeschrieben:
2 · a + c + a + 4 · c + 2 · b + c
Stephanie hat diesen Term notiert: 3a + 2b + 6c

A Was haben sich Caroline und Stephanie beim Aufstellen ihres Terms gedacht? Formuliere ihre möglichen Überlegungen in Worten.

B Beschreibe die Gleisanlagen 2 und 3 mit unterschiedlichen Termen.

3 In der Baugrösse H0 sind die Teile im Massstab 1:87. Die Schienenstücke haben dann folgende Längen: a = 56 cm, b = 83 cm und c = 89 cm.
Berechne die Längen der Gleisanlagen 1 bis 3 mit der Baugrösse H0.

4 Du hast den ganzen Schachtelinhalt der Baugrösse Z zur Verfügung.

A Zeichne eine möglichst kurze geschlossene Anlage und berechne ihre Länge. Gib einen möglichst kurzen Term für diese Länge an.

B Zeichne eine möglichst lange geschlossene Anlage und berechne ihre Länge. Gib einen möglichst kurzen Term für diese Länge an.

C Wie lang wären deine Anlagen in der Baugrösse H0?

5 Der Zug braucht für jedes Schienenstück eine bestimmte Zeit x, y, z zum Befahren:
Schiene Nr. 8505   x = 0.9 sec
Schiene Nr. 8507   y = 1.3 sec
Schiene Nr. 8530   z = 1.4 sec
Wie lange dauert jeweils eine Runde auf den Anlagen von Aufgabe 1 und von Aufgabe 4A und B?

Nr. 8530, 4 Stücke

Nr. 8507, 6 Stücke

6 Es hat nebenstehende Schienenstücke zur Auswahl:

A Wie viele verschiedene geschlossene Gleisanlagen lassen sich damit bauen?

B Erstelle je einen Term zur Berechnung der Fahrzeit pro Runde und gib die entsprechenden Zeiten an.

C Berechne die Längen deiner Gleisanlagen.

7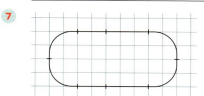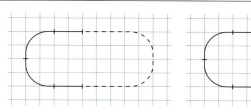

Aus der Anlage 3 werden einige Teile weggenommen.

Beschreibung durch Terme:
$2 \cdot a + 2 \cdot b + 4 \cdot c - (2 \cdot b + 2 \cdot c) =$
$2 \cdot a + 2 \cdot b + 4 \cdot c - 2 \cdot b - 2 \cdot c =$
$2 \cdot a + 2 \cdot c$

Beschreibung durch Terme in Kurzschreibweise:
$2a + 2b + 4c - (2b + 2c) =$
$2a + 2b + 4c - 2b - 2c =$
$2a + 2c$

Das Zeichen «·» kann weggelassen werden zwischen einer Zahl und einer Variablen oder zwischen zwei Variablen.

Zeichnet zu folgenden Termen mögliche Gleisanlagen und markiert die weggenommenen Stücke. Vergleicht eure Lösungen.

A $4c + 6a - (2c + 2a) =$

B $4a + 6b + 4c - (2a + 4b) =$

C Erfindet weitere solche Aufgaben.

Summen von Zahlen und Variablen: die Rechenregeln

Terme für die Längen	Schienenstücke
$a + a + a = 3 \cdot a = 3a$	
$a + b = b + a$ *Kommutativgesetz*	
$(a + b) + c = a + (b + c)$ *Assoziativgesetz*	
$(a + b) + (a + b) =$ $2 \cdot (a + b) =$ $2 \cdot a + 2 \cdot b =$ $2(a + b) = 2a + 2b$ *Distributivgesetz*	

8 Vereinfache die Terme wie im Beispiel: $x + y + 2x + 3y = 3x + 4y$

A $r + r + r + s + s$
$2r + 3s + 3r$
$8s + 2r + 5r - 4s$
$3r + 6s + 4r + 5r - (3r + s)$

C $4(2x + 3y) - (3x + 7y)$
$7y + 2(7x + 4y) - (2x + 3y)$
$3(2x + 3y) - 3x + 2(7x + 4y)$

B $a + 2(a + b)$
$3(5a + 4b) - (10a + 9b)$
$a + b + 4(3a + 2b) - 6a - 5b$
$2(5a + 4b) - (a + 3b)$

D Setze bei A $r = 3$ und $s = 5$ ein.
Setze bei A $r = 6$ und $s = 7$ ein.

Terme addieren und subtrahieren, Terme vereinfachen.

Produkte

Zahlen kann man multiplizieren, ebenso Terme. Die beiden zu multiplizierenden Zahlen oder Terme heissen «Faktoren». Das Ergebnis einer Multiplikation nennt man «Produkt».

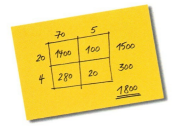

Flächen berechnen

Im Notizheft von Sam findet sich nebenstehende Rechnung.

1 Was hat Sam hier ausgerechnet?

2 Stellt euch Multiplikationsaufgaben, die man auf die gleiche Art wie Sam lösen kann.

Hinter Sams Rechnung steht das Rechteckmodell. Die Fläche eines Rechtecks wird durch eine Multiplikation bestimmt.

Man kann mit Sams Idee auch zusammengesetzte Rechtecksflächen bestimmen.

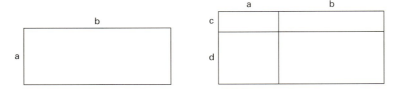

3 Beschreibe die Fläche $(a + b) \cdot (c + d)$ wie Sam.

Ein Bild von Richard Paul Lohse

Der Schweizer Maler Richard Paul Lohse hat 1983 das Bild «6 komplementäre Farbreihen» gemalt.

a^2 ist die Kurzschreibweise für a · a. Man liest «a hoch zwei» oder «a Quadrat». 4bc ist die Kurzschreibweise für 4 · b · c.

4 Beschreibe das Bild. Welche Gesetzmässigkeiten findest du?
Die Variablen am Rand bezeichnen die Längen, die im Bild vorkommen. Mit den Variablen kann man auch zusammengesetzte Längen ausdrücken. Die Länge des ganzen Bildes ist zum Beispiel a + b + c + c + b + a oder anders geschrieben 2a + 2b + 2c. Erkläre beide Terme.
Mit den Variablen kann man auch Flächen ausdrücken. Zum gelben Quadrat oben rechts gehört zum Beispiel der Term a · a = a^2. Zum grünen Rechteck darunter gehört der Term a · b = ab.

5 Alle orangen Flächen zusammen kann man durch die Terme 2aa + 4bc oder $2a^2$ + 4bc beschreiben.
Prüfe das nach! Stelle Terme auf, die zu den anderen Farben gehören.

6 Suche zwei Farben, die einen gleich grossen Anteil an der Gesamtfläche haben. Beschreibe beide Farben durch Terme. Vereinfache beide Terme so weit als möglich. Was stellst du fest?

7 Suche zwei Farben, die zusammen einen gleich grossen Anteil haben wie zwei andere Farben. Vergleiche die zugehörigen Terme.

8 Drei Farben bedecken zusammen exakt die Hälfte der Gesamtfläche.
Welche drei Farben sind das?
Wie heisst der zugehörige Term?
Beschreibe die Fläche der drei anderen Farben mit einem Term.

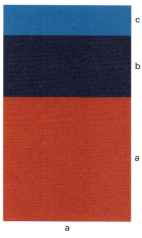
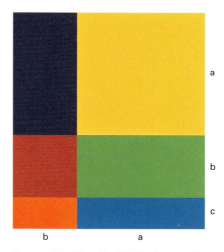

Die drei Flächen unten links im Bild bilden zusammen ein Rechteck.
Man kann es so beschreiben:
- a(c + b + a)
  Breite mal Länge
- ac + ab + a^2
  drei Teilflächen

Die beiden Terme sind gleichwertig.

Das sechsteilige Rechteck oben rechts kann man mit Termen so beschreiben:
- (a + b + c)(a + b)
  Länge mal Breite
- a^2 + ab + ab + b^2 + ac + bc
  sechs Teilflächen
- a^2 + b^2 + 2ab + ac + bc
  geordnet und zusammengefasst

Alle drei Terme sind gleichwertig.

9 Entnimm dem Bild zusammengesetzte Rechtecke. Zeichne sie ab und beschrifte sie.
  A Drücke die zusammengesetzte Fläche durch verschiedene, gleichwertige Terme aus.
  B Tauscht Terme aus und sucht dazugehörende Flächen. Vergleicht.

Terme multiplizieren.

Bruchbilder

Mit gebrochenen Zahlen kann man die gleichen Operationen ausführen wie mit natürlichen Zahlen. Die Verfahren sind komplizierter. Produkte kann man als Rechtecke darstellen. Mit diesem Modell kann man auch die Multiplikation von Brüchen veranschaulichen.

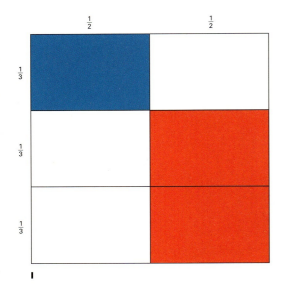

I

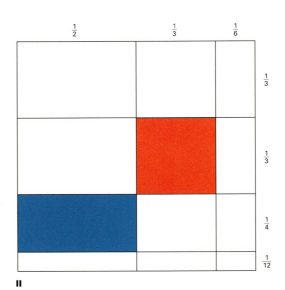

II

Die beiden Quadrate sind 1 Einheit lang und 1 Einheit breit. Ein solches Quadrat heisst «Einheitsquadrat». Im Einheitsquadrat I ist die eine Seite halbiert, die andere gedrittelt.
Die blaue Fläche stellt das Produkt $\frac{1}{2} \cdot \frac{1}{3} = \frac{1}{2}$ von $\frac{1}{3} = \frac{1}{6}$ dar.
Ein Sechstel des Einheitsquadrates ist blau gefärbt.
Die rote Fläche stellt das Produkt $\frac{1}{2} \cdot \frac{2}{3} = \frac{1}{2}$ von $\frac{2}{3} = \frac{1}{3}$ dar.
Ein Drittel des Einheitsquadrates ist rot gefärbt.

1 Aus dem Einheitsquadrat II kannst du viele Produkte herauslesen. Beschreibe ihre Flächen wie oben.
  A Blaue Fläche.
  B Rote Fläche.
  C Welcher Bruchteil ist grösser?
  D Welchen Bruchteil des Quadrates machen die gefärbten Flächen zusammen aus?

2 A Im Quadrat II steckt zum Beispiel die Rechnung $(\frac{1}{3} + \frac{1}{6}) \cdot \frac{1}{4} = \frac{1}{8}$. Suche sie.
  B Schreibe andere Rechnungen auf, die im Quadrat II dargestellt sind.
  C Tauscht die Rechnungen aus. Sucht die dazugehörenden Flächen im Quadrat II und vergleicht.

3 A Zeichne auf kariertes Papier ein Quadrat mit 12 Häuschen Seitenlänge. Übertrage die Bruchteile des Quadrates II in deine Zeichnung. Schneide die Bruchteile aus. Setze sie anders zu einem Quadrat zusammen. Suche eine Anordnung, die dir besonders schön erscheint. Klebe diese in dein Heft.
  B Färbe in deinem Bild mit drei Farben je einen Drittel des Quadrates.
  C Schreibe die Rechnungen auf, die zu den drei Farben gehören.

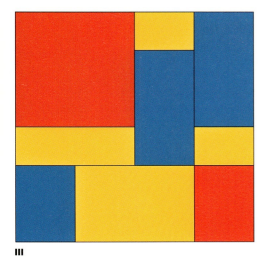

III

4
A Zeige, dass beim Quadrat II die beiden grössten Felder zusammen einen Drittel der gesamten Fläche ausmachen. Schreibe die zugehörige Rechnung auf.
B Zeige, dass die drei grössten Felder weniger als die Hälfte der gesamten Fläche ausmachen. Schreibe die zugehörige Rechnung auf.
C Suche fünf Felder, die zusammen die halbe Fläche ausmachen. Schreibe die zugehörige Rechnung auf.
D Suche sechs Felder, die zusammen die halbe Fläche ausmachen. Schreibe die zugehörige Rechnung auf.
E Vergleicht eure Ergebnisse von C und D miteinander.

5 Untersucht das Bruchbild im Einheitsquadrat III.
A Zeichnet es auf kariertes Papier (Seitenlänge 12 Häuschen).
B Bestimmt die Teillängen und berechnet die Flächenanteile.
C Notiert, was ihr sonst noch herausfindet.

6 Entwirf ein eigenes Bruchbild und beschreibe es mit Brüchen.

7 Es gibt Künstler, die ihre Bilder nach genauen Berechnungen konstruieren. Häufiger folgen aber auch abstrakte Bilder mehr geahnten als berechneten Gesetzen. Im Bild des Schweizer Malers Max Bill macht es wenig Sinn, nach genauen Bruchteilen zu fragen.

Aber es ist eine gute Übung, diese zu schätzen.
A Die Felder sind in vier Farben gefärbt: Rot, Gelb, Blau und Weiss. Ordne die Farben nach der Grösse ihres Flächenanteils.
B Schätze nun die Anteile an der Gesamtfläche für die Farben Rot, Gelb, Blau und Weiss.
C Addiere die Bruchzahlen deiner vier Schätzungen. Erhältst du die Summe 1?

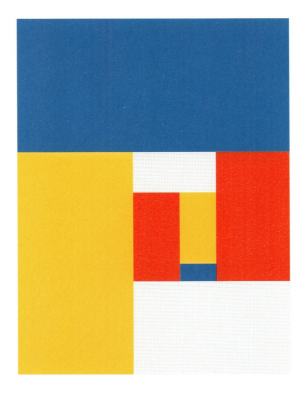

Mit gewöhnlichen Brüchen rechnen.

Unter Null

Gleiche Temperaturen werden von verschiedenen Personen und zu verschiedenen Zeitpunkten unterschiedlich empfunden. Wenn man beispielsweise im Sommer in eine Wohnung kommt, empfindet man die Raumtemperatur angenehm kühl. Die gleiche Temperatur kann im Winter als warm empfunden werden. Genau so, wie die Menschen in der Geschichte Masse für Längen, Gewichte und Zeiten entwickelten, suchten sie nach Möglichkeiten, Temperaturen eindeutig zu messen.

Die Celsius-Skala

Quecksilber ist ein Metall, das bei tiefen und hohen Temperaturen flüssig bleibt. Wie andere Flüssigkeiten dehnt sich auch Quecksilber bei zunehmender Temperatur aus. Diese Eigenschaften nutzte der schwedische Astronom A. Celsius (1701–1744) für die Konstruktion eines Temperaturmessers aus. Er gab Quecksilber in ein Glasröhrchen und markierte zwei Stellen: Für die Temperatur von Eiswasser (Schmelzpunkt von Eis) markierte er den Wert 0 Grad. Für die Temperatur von siedendem Wasser (Siedepunkt von Wasser) legte er den Wert 100 Grad fest. Die Bezeichnung Grad Celsius (°C) ist auf diesen schwedischen Astronomen zurückzuführen.

Anders Celsius ist am 12. Januar 1701 in Uppsala, Schweden, zur Welt gekommen. Er arbeitete als Astronom, wurde jedoch durch seinen Vorschlag der 100°-Teilung des Thermometers bekannt. Er starb im Alter von erst 43 Jahren in seiner Geburtsstadt am 25. April 1744.

1 **A** Bestimme von Ort zu Ort die Temperaturunterschiede.

B Wie gross ist die maximale Temperaturdifferenz zwischen zwei Orten?

2 Nebenstehend siehst du das Temperatur-Diagramm einer Januar-Woche von Montag bis Sonntag.

A Bestimme die Temperaturdifferenzen von Tag zu Tag.

B Wie gross war die mittlere Temperatur in dieser Woche?

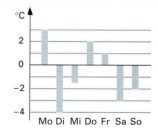

Wetterbulletin des Tages	
Athen, schön	14 °C
Frankfurt, Regen	3 °C
Stockholm, bewölkt	– 8 °C
London, Schnee	– 5 °C
Belgrad, bedeckt	– 4 °C
Warschau, Schnee	0 °C
Rom, schön	18 °C

3 Das Wetterbulletin des Tages
Welche Aussagen sind wahr, welche falsch?

A In Frankfurt ist es 15 °C kälter als in Rom.

B In Warschau ist es 4 °C wärmer als in Belgrad.

C In London ist es 3 °C kälter als in Stockholm.

D Die Temperaturdifferenz zwischen Belgrad und Stockholm beträgt – 4 °C.

E Von Belgrad nach Stockholm fällt die Temperatur um 4 °C.

F Die Temperaturdifferenz zwischen London und Athen beträgt 9 °C.

31

William Thomson (1824–1907), der 1892 als **Lord Kelvin** ins britische Oberhaus einzog, war einer der bedeutendsten Physiker des 19. Jahrhunderts. Er verfasste 661 wissenschaftliche Arbeiten und wirkte auch am Projekt des ersten Überseekabels zwischen Europa und Amerika mit.

Die Kelvin-Skala

Man kann eine Flüssigkeit oder ein Gas beliebig heiss machen. Forscher haben festgestellt, dass es für die Abkühlung eine untere Grenze gibt. Die tiefst mögliche Temperatur liegt bei –273 °C. Kelvin legte diese Temperatur als absoluten Nullpunkt fest. Seine Skala (Kelvin-Skala) beginnt bei diesem Nullpunkt (0 Kelvin). Der Schmelzpunkt von Eis liegt bei 273 K und der Siedepunkt von Wasser bei 373 K.

4 Vergleiche die Celsius-Skala mit der Kelvin-Skala. Zeichne zwei Thermometer nebeneinander, auf denen man die Temperaturen sowohl in °C als auch in K gleichzeitig ablesen kann.

5 Temperaturrekorde

Die tiefsten auf der Erde gemessenen Temperaturen		
Einzelmessung	Wostok, Antarktis	– 89.2 °C
Jahresmittel	Nedostupnosti, Antarktis	– 57.8 °C
Bewohnter Ort	Oymyakon, Russland	– 71.1 °C
Die höchste auf der Erde gemessene Temperatur		
Einzelmessung	Death Valley USA, 10. Juli 1913	+ 56 °C
Maximale Temperaturdifferenzen		
Im Laufe eines Jahres	Werchojansk, Russland	– 70 °C / + 36.6 °C
Innerhalb eines Tages	Browning, Montana USA	+ 6.6 °C / – 48.9 °C
Minimale Temperaturdifferenz		
Im Laufe eines Jahres	Saipan, Marianeninseln	+ 31.4 °C / + 19.9 °C

A Gib die Temperaturen in K an.
B Berechne verschiedene Temperaturdifferenzen in K und °C. Was stellst du fest?

6 Wasser existiert fest als Eis, flüssig als Wasser und gasförmig als Dampf. Auch andere Materialien existieren in diesen drei Aggregatzuständen. Ergänze die Tabelle.

	Wasser	Alkohol	Quecksilber	Blei	Kohlendioxid	Stickstoff	Sauerstoff
Schmelzpunkt in °C	0	– 114	– 39	327	–	– 210	
Schmelzpunkt in K					–		54
Siedepunkt in °C	100	78	357				– 183
Siedepunkt in K				2023	195	77	

Die Fahrenheit-Skala

7 Beschreibe die Beziehungen zwischen der Fahrenheit-Skala und der Celsius-Skala in Worten oder mit einem Term.

Der deutsche Physiker und Instrumentenbauer **Gabriel Fahrenheit** (1686–1736) wollte Temperaturen «unter Null» im Alltag möglichst vermeiden. Er legte den Nullpunkt auf den Gefrierpunkt einer Eiswasser-Salmiak-Mischung. Die Marke 100 liegt bei der menschlichen Körpertemperatur. Temperaturen werden nach ihm in Grad Fahrenheit (°F) gemessen. Diese Temperaturmessung ist in den USA heute noch üblich.

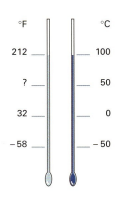

Im Zusammenhang mit Temperaturen negativen Zahlen begegnen.

Mit Zahlen Punkte festlegen

Auf der Zahlengeraden wird die Lage eines Punktes durch eine Zahl bestimmt.

Auch in der Ebene kann man die Lage eines Punktes mit Zahlen angeben.

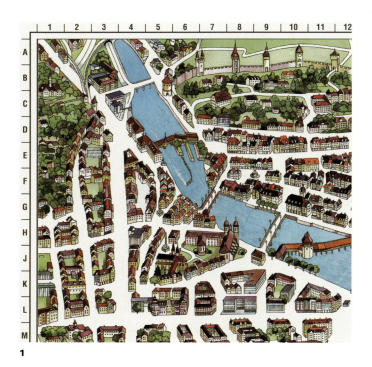

1

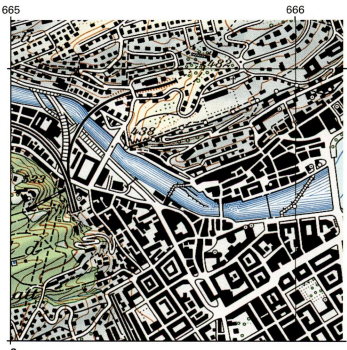

2

1. Mit der Karte 1 finden Touristen in Luzern den Wasserturm bei J/10.
   - **A** Beschreibe Unterschiede zwischen Karte 1 und Karte 2.
   - **B** Suche den Wasserturm in der Karte 2.

2. Suche auf dem Schulweg, in deinem Quartier solche Schilder. Überlege dir, wozu sie dienen. Erkläre die Bedeutung der Zahlenangaben auf den Schildern.

32

3 So könnt ihr eigene Schieber markieren und dazugehörende Schilder herstellen.
  - **A** Markiere auf dem Schulzimmerboden mit einem Kleber einen Schieber. Suche einen Ort an einer Wand und beschrifte ein Schild zu deinem Schieber.
  - **B** Überprüft gegenseitig, welches Schild zu welchem Schieber gehört.

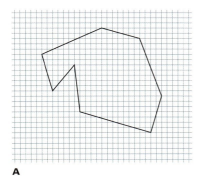

A

4 Für diese Partnerarbeit braucht ihr zwei gleiche karierte Blätter (siehe Zeichnung A).
  - **A** Zeichne 8 Punkte auf Schnittpunkte der Karo-Linien. Achte darauf, dass deine Partnerin oder dein Partner sie nicht sieht. Verbinde diese 8 Punkte durch eine geschlossene Linie. «Telefoniere» die Lage der 8 Punkte in dieser Reihenfolge. Deine Partnerin oder dein Partner überträgt diese Informationen auf das eigene Blatt. Vergleicht eure Figuren. Falls es Abweichungen gibt, geht den Ursachen nach.
  - **B** Tauscht die Rollen.
  - **C** Führt das Spiel mit anderen Figuren durch.
  - **D** Informiert euch in der Klasse gegenseitig über euer Vorgehen. Beurteilt die Verfahren auf ihre Einfachheit und Eindeutigkeit.

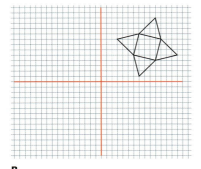

B

5 Die roten Geraden sind Spiegelachsen.
Zeichne nebenstehende Figur und die Spiegelachsen auf kariertes Papier (siehe Zeichnung B).
  - **A** Gib die Lage der Eckpunkte der Figur an.
  - **B** Spiegle die Figur an der senkrechten Achse. Gib die Lage der neuen Eckpunkte an.
  - **C** Spiegle die ursprüngliche Figur an der waagrechten Achse. Gib die Lage der neuen Eckpunkte an.
  - **D** Spiegle die beiden neuen Figuren in das leere Feld. Gib die Lage der neuen Eckpunkte an.

Koordinaten von Punkten bestimmen. Punkte mit Hilfe von Koordinaten darstellen.

Domino – Triomino

Spiele können Menschen faszinieren. Viele Spiele bestehen aus einfachen Hilfsmitteln und Regeln, lassen jedoch sehr viele verschiedene Spielmöglichkeiten zu.

Hinter Spielen stehen oft mathematische Überlegungen und Zusammenhänge. Solche Spiele fördern das Kombinationsvermögen.

Domino

Domino wird in unzähligen Varianten auf der ganzen Welt gespielt. Vieles über den Ursprung und die Geschichte des Spiels liegt im Dunkeln. Von China aus kam das Domino vermutlich im 18. Jahrhundert nach Europa.

Spielmaterial

Spielsteine, Dominos genannt, sind Rechtecke. Jedes dieser Rechtecke besteht aus zwei aneinander gefügten Quadraten. Auf jedem Quadrat sind Augenzahlen wie bei einem Spielwürfel aufgemalt. Anders als beim Würfel kommt beim Domino auch die Augenzahl «Null» vor.

1. Wie viele verschiedene Dominosteine lassen sich herstellen?

2. Warum bist du sicher, alle möglichen Dominosteine gefunden zu haben? Begründe.

3. Vergleicht eure Ergebnisse.

Spielregeln

Es gibt viele verschiedene Spielmöglichkeiten mit den Dominosteinen. Eines dieser Spiele für zwei Personen verläuft folgendermassen: Jede Person erhält gleich viele Dominosteine. Sie werden zufällig verteilt. Es wird ausgelost, wer den ersten Stein legen kann. Abwechslungsweise legt man die Steine zu einer Schlange. Dabei müssen zwei benachbarte Steine an den Berührungsseiten der Quadrate die gleiche Augenzahl aufweisen (siehe Abbildung). Wer als Erster keinen Stein mehr anlegen kann, hat verloren.

4. Führt dieses Spiel mehrmals durch.

5. Erfindet andere Spielregeln.

33

Triomino

Triomino ist eine «dreieckige Variante» des Dominos.

Spielmaterial

Die Spielsteine sind gleichseitige Dreiecke, die in den Ecken Augenzahlen von 0 bis 5 tragen. Spielsteine mit drei verschiedenen Augenzahlen kommen in zwei Varianten vor.

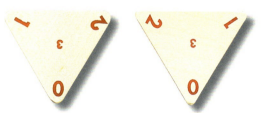

Diese beiden Triominos sind Spiegelbilder voneinander. Sie gelten als verschieden.

6 Wie viele verschiedene Triominosteine lassen sich herstellen?

7 Warum bist du sicher, alle möglichen Triominosteine gefunden zu haben? Begründe.

8 Vergleicht eure Ergebnisse.

Spielregeln

Es gibt viele verschiedene Spielmöglichkeiten mit den Triominosteinen. Eines dieser Spiele für vier Personen verläuft folgendermassen: Jede Person erhält gleich viele Triominosteine. Sie werden zufällig verteilt. Es wird ausgelost, wer den ersten Stein legen kann. Abwechslungsweise legt man die Steine aneinander. Dabei müssen zwei benachbarte Steine an den Berührungsseiten der Dreiecke in den Augenzahlen übereinstimmen (siehe Abbildung). Wer als Letzter einen Stein anlegen kann, hat gewonnen.

9 Führt dieses Spiel mehrmals durch.

10 Einzelspiel: Versuche die Triominosteine nach obiger Regel zu legen, ohne dass ein Stein übrig bleibt.

Bei kombinatorischen Problemstellungen systematisch zählen.

Strandbad

Im Alltag begegnet uns die Mathematik nicht in Form von Textaufgaben. Mathematik steckt jedoch in vielen Informationen. Es ist sinnvoll, sich zu Informationen Fragen zu stellen. Oft kann man diese auch mit Hilfe von Mathematik beantworten. Dadurch lernt man ein Sachgebiet besser verstehen.

Allgemeine Informationen zum Strandbad Thun

Die Badesaison dauert vom ersten Samstag im Mai bis zum eidgenössischen Buss- und Bettag Mitte September. An schönen Tagen besuchen bis zu 10 000 Gäste das Strandbad. Die durchschnittliche tägliche Besucherzahl liegt bei 3 000 Personen.

Je mehr Personen baden, desto wichtiger ist die Wasserreinigung. Die Zeit, die es braucht, bis der ganze Beckeninhalt gereinigt ist, nennt man «Umwälzzeit». Sie beträgt beispielsweise beim Planschbecken eine halbe Stunde. Bei der Reinigung wird sauberes Wasser durch Düsen in die Becken gespritzt. Wasser überschwappt dadurch in die Überlaufrinnen. Dort wird es gesammelt und in das unterirdische Ausgleichsbecken geführt. Dieses Becken hat ein Volumen von 500 m^3, ist 20 m lang und 10 m breit.

Ein Sieb entfernt dort grössere Partikel, zum Beispiel Haare, aus dem Wasser. Vom Ausgleichsbecken wird das Wasser in den Filter gepumpt. Dort wird es durch Steinmehl gepresst und so gereinigt. Das Steinmehl (ca. 80 kg) wird nach 1 bis 2 Wochen ersetzt.

Die Filterleistung beträgt 1 005 m^3/h, die Fliessgeschwindigkeit 6 m/h und die Filterfläche ist 167.5 m^2 gross. Das gereinigte Wasser wird anschliessend wiederum durch die Düsen den Becken zugeführt.

Technische Daten der Becken

		Oberfläche	Inhalt	Umwälzzeit
P	Planschbecken	100 m²	20 m³	0.5 h
S	50-Meter-Schwimmerbecken	1 050 m²	1 900 m³	4.5 h
T	Sprungbecken	655 m²	1 600 m³	4.92 h
N	Nichtschwimmerbecken	612 m²	430 m³	2 h

Wasserkreislauf

1. Durch die Düsen wird das gereinigte Wasser in die Becken gespritzt.
2. Becken
3. Die Überlaufrinnen fangen das überschwappende Wasser auf.
4. Die Zuleitungen der anderen Becken münden in die Sammelleitung.
5. Die Sammelleitung führt das Wasser ins Ausgleichsbecken.
6. Mit dem Sieb werden die grösseren Partikel vom Wasser getrennt.
7. Das unterirdische Ausgleichsbecken nimmt das Wasser aller Becken auf.
8. Im Filter wird das Wasser durch Steinmehl gepresst und so gereinigt.
9. Das gereinigte Wasser wird durch Düsen (1) den Becken zugeführt.

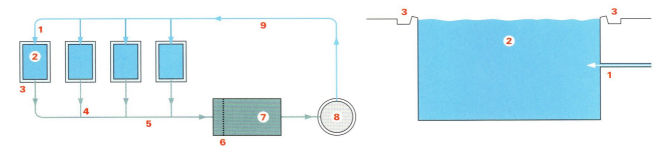

Wasserverlust

An schönen Tagen verdunsten pro Quadratmeter Wasserfläche ca. 10 Liter. Eine Person, die aus dem Wasser steigt, trägt Wasser auf ihrem Körper und in den Haaren weg. Der Wasserverlust (ca. 5% des Beckenvolumens) wird bei den grossen Becken täglich durch Frischwasser ersetzt. Das Planschbecken wird jede Woche vollständig geleert und neu gefüllt.

Seebad

Man kann auch im See baden. Das Ufer ist flach. Man kann gemütlich ins Wasser schreiten. Der Inhalt des Sees ist wesentlich grösser als der Inhalt aller Beckenvolumen zusammen. Er enthält ca. $6.5 \cdot 10^9$ m³ Wasser. Die Fläche ist knapp 50 km² gross.

Aus Text und Karte Daten herauslesen. Fragen formulieren und mit mathematischen Hilfsmitteln lösen.

Weltreise

Verschiedene Reisebüros bieten Reisen um die Welt an. Im hier vorgestellten Angebot kann die Route nach Wunsch zusammengestellt werden. Je nach Ticket bereist man drei bis sechs Zonen. Man hat die Wahl, die Reise Richtung Osten oder Richtung Westen zu starten.

Reiseangebot

Ticket «Rund um die Welt» (Gültigkeit 1 Jahr)				
Reise durch	3 Zonen	4 Zonen	5 Zonen	6 Zonen
First	7 740.–	9 490.–	10 680.–	12 280.–
Business	5 220.–	6 260.–	7 200.–	8 280.–
Economy	3 060.–	3 670.–	4 220.–	4 860.–

Preistabelle in CHF (Preisstand 2001)
Preisreduktionen: Kinder in Begleitung Erwachsener: 33 %

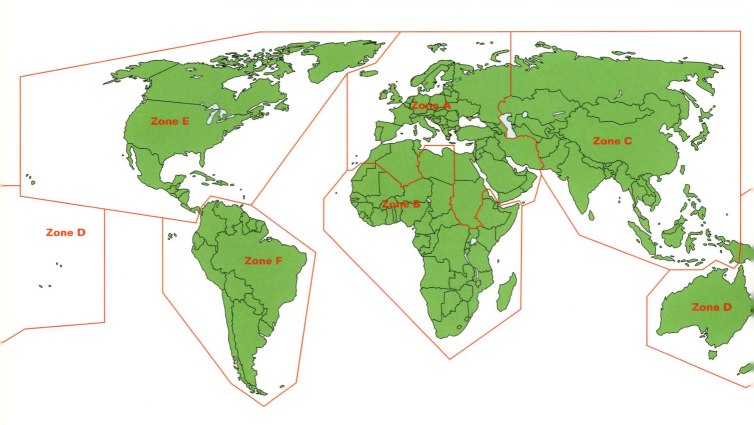

Zone A: Europa und Ägypten, Israel, Saudiarabien, Syrien, Irak, Iran, Sudan, Tunesien, Marokko und Algerien
Zone B: übriges Afrika inklusive Madagaskar
Zone C: Asien inklusive Indonesien, Malaysia, Philippinen
Zone D: Australien und die Inseln östlich davon zwischen Australien und Südamerika
Zone E: Nord- und Zentralamerika
Zone F: Südamerika

35

Reisebedingungen

Es können Tickets für Reisen durch 3, 4, 5 oder 6 Zonen gewählt werden.

Innerhalb einer Zone darf man maximal drei Stopps machen.

Das Ticket rund um die Welt ist 1 Jahr gültig.

Die Reise muss in der Zone A am gleichen Ort beginnen und enden.

Landung und Start gilt als ein Stopp.

Die Reise darf nur je eine Atlantik- und eine Pazifiküberquerung enthalten.

Folgende Orte können angeflogen werden.

Zone A	Zone B	Zone C	Zone D	Zone E	Zone F
Oslo	Dakar	Taschkent	Sydney	New York	Caracas
Stockholm	Abidjan	Karacchi	Perth	Washington	Salvador
Brüssel	Kinshasa	Delhi	Wellington	Miami	Rio de Janeiro
Berlin	Kapstadt	Bombai		Houston	São Paulo
London	Johannesburg	Colombo		Chicago	Buenos Aires
Zürich	Nairobi	Jakarta		Seattle	Santiago de Chile
Lissabon		Singapur		San Francisco	Lima
Madrid		Bangkok		Mexiko	
Athen		Hongkong		Guatemala	
Moskau		Manila		Havanna	
Casablanca		Seoul			
Kairo		Tokio			
Teheran					

Reisebeispiel durch 3 Zonen

Start	Zürich	Zone A	Abflug
Stopp	London (England)		3 Tage Aufenthalt
Stopp	Madrid (Spanien)		6 Tage Aufenthalt
Atlantiküberquerung	Caracas (Venezuela)	Zone F	1 Woche
Stopp	São Paulo (Brasilien)		2 Wochen
Stopp	Santiago (Chile)		4 Tage
Pazifiküberquerung	Tokio (Japan)	Zone C	1 Woche
Stopp	Hongkong (China)		6 Tage
Landung	Zürich	Zone A	Rückflug

Gesamtkosten einer Weltreise

Die billigste Reisevariante führt durch 3 Zonen. Das Ticket kostet CHF 3 060.–.

Zu den Kosten für das Ticket kommen weitere Reisekosten dazu: Übernachtungen, Essen, Reisen im Innern einer Zone …

1. Erstellt für das Reisebeispiel durch 3 Zonen ein Gesamtbudget. Vergleicht und diskutiert eure Überlegungen und Vorschläge.

2. Stellt eigene Weltreisen mit einem vorgegebenen Budgetrahmen (zum Beispiel CHF 10 000.–) zusammen.

**Informationen mit mathematischen Hilfsmitteln verarbeiten.
Kosten abschätzen.**

Hypatia von Alexandria (370 – 415 n. Chr.)

Hypatia ist Wissenschaftlerin und berät Politiker und Staatsbeamte

Hypatia ist die erste Wissenschaftlerin, deren Leben vollständig dokumentiert ist. Obwohl die meisten ihrer Schriften verloren gingen, gibt es noch zahlreiche Hinweise auf sie.

Ihr Vater Theon ist ein einflussreicher Mathematiker und Astronom im ägyptischen Alexandria. Er plant die Erziehung und Bildung seiner Tochter sehr sorgfältig. Hypatia wächst zu einer aussergewöhnlichen jungen Frau heran. Sie reist nach Athen und Italien und beeindruckt sämtliche Männer durch ihren Verstand und ihre Schönheit. Nach ihrer Rückkehr nach Alexandria wird sie Lehrerin für Mathematik und Philosophie. Sie ist offiziell beauftragt, die Lehren der beiden griechischen Philosophen Platon und Aristoteles zu erklären und weiterzugeben. Ihr Heim wird zum intellektuellen Zentrum. Sie hält Vorträge über Mathematik, Astronomie, Philosophie, Mechanik und schreibt mehrere mathematische Werke mit insgesamt über zwanzig Bänden. Hypatia ist eine führende Wissenschaftlerin und hat auch in der Politik grossen Einfluss. Staatsbeamte lassen sich von ihr beraten.

Hypatia kämpft gegen religiöse Eiferer und wird zum Symbol für die Freiheit wissenschaftlichen Denkens

Zur Zeit von Hypatias Geburt (370 n. Chr.) erlebt das antike wissenschaftliche Leben einen Umbruch. Das Christentum breitet sich im Römischen Reich aus. Die Mehrzahl der christlichen Eiferer sieht in der Mathematik und den Naturwissenschaften nur Irrlehre und Übel. Einige Kirchenväter greifen sogar wieder zu der alten Theorie, die Erde sei eine flache Scheibe und das Weltall stülpe sich wie eine Glasglocke darüber.

In dieser fundamentalistisch religiösen Umgebung ist Hypatia als Heidin und Anhängerin der griechischen Wissenschaften zunehmend gefährdet. Im März 415 wird Hypatia von einem fanatischen christlichen Mönch ermordet. In der folgenden Zeit wird der Verkündung von Platons Lehre in Alexandria und im ganzen Römischen Reich ein Ende gesetzt.

Der Kampf dieser mutigen Frau wird zum Symbol für die Freiheit des wissenschaftlichen Denkens, das in der Folge immer mehr eingeschränkt wird. Zur gleichen Zeit bricht das Römische Reich zusammen, was in Europa dramatische Folgen hat: Weder in Mathematik noch in Physik werden in den nächsten tausend Jahren wesentliche neue Erkenntnisse gewonnen.

Die griechische Wissenschaft überlebt in Byzanz und gelangt in der arabischen Welt zu neuer Blüte. So wird Hypatia zum Symbol für das Ende der antiken Wissenschaft.

Hypatia befasste sich mit algebraischen Gleichungen, die auch heute noch aktuell sind.

Hypatia war eine vielseitige Wissenschaftlerin. Unter anderem befasste sie sich mit algebraischen Gleichungen.

Welche natürlichen Zahlen für x, y, z erfüllen die Gleichung* $x^2 + y^2 = z^2$?
Eine mögliche Lösung ist $x = 5$, $y = 12$, $z = 13$.
Überprüfe das. Suche weitere Lösungen der Gleichung.

* Im kommenden Schuljahr wirst du dieser Gleichung im Zusammenhang mit dem «Satz von Pythagoras» wieder begegnen.

Stichwortverzeichnis

A
Abbildungen, geometrische 42–43, 54–55, 58–59
Abstand 52–53
Abwicklung; Netz 26–27, 28–29
Achsenspiegelung 58–59
Achsensymmetrie; achsensymmetrisch 54–55
Ähnlichkeitsabbildung; ähnlich 58–59
Assoziativgesetz 24–25, 60–61

B
Balken-; Block-; Stabdiagramm 51
Bandmuster; Bandornament 40–43
Baumdiagramm 36–37
Bildfigur 54–55, 58–59
Block-; Balken-; Stabdiagramm 51
Brüche; Zahlen, gebrochene 44–45

D
Darstellung, grafische; Grafik 6–7, 34–35, 44–45
deckungsgleich; kongruent 58–59
Diagonale 18
Diagramm 36–37, 44–45, 51
Distributivgesetz 24–25, 60–61
Dreieck 20–21
Dreieck, gleichschenkliges 20–21
Dreieck, gleichseitiges 20–21
Dreieck, rechtwinkliges 20–21
Dreieck, spitzwinkliges 20–21
Dreieck, stumpfwinkliges 20–21
Durchschnitt 50–51

E
Exponent; Hochzahl 12–13

F
Faktor 36–37, 62–63
Fläche; Flächeninhalt 18–19, 20–21, 26–27

G
Genauigkeit, sinnvolle 14–15, 48–49, 72–73, 74–75
Gleichung 32–33
Gleitspiegelung 42–43
Grafik; Darstellung, grafische 6–7, 34–35, 44–45
Graph 6–7
Grössen 4–5, 48–49, 72–73, 74–75

H
Häufigkeit, absolute 46–47
Häufigkeit, relative 46–47
Hochzahl; Exponent 12–13
Höhe 18, 20

K
Klammerregeln 24–25
Kombinatorik; Zählen, kombinatorisches 70–71
Kommutativgesetz 24–25, 60–61
kongruent; deckungsgleich 58–59
Kongruenzabbildung; Kongruenz 42–43, 54–55, 58–59
Koordinaten; Koordinatensystem 68–69
Kreisdiagramm 51

L
Liniendiagramm 51
Lot 52–53

M
Masseinheiten 4–5
Multiplikation, von Brüchen 64–65

N
Netz; Abwicklung 26–27, 28–29

O
Oberfläche 26–27, 30–31
Originalfigur 54–55, 58–59

P
Parallele 18
Parallelogramm 18–19
Potenz; Potenzieren 36–37
Produkt 36–37, 62–63
Proportionalität 10–11, 38–39
Proportionalität, umgekehrte 38–39
Prozent 44–45, 46–47
Punktsymmetrie; punktsymmetrisch 42–43, 54–55

Q
Quader 30–31
Quadrat 18–19

R
Rauminhalt; Volumen 30–31
Rechengesetze; Rechenregeln 24–25, 60–61
Rechteck 18–19
Rhombus (Raute) 18–19
Runden 8–9, 14–15, 72–73, 74–75

S
Schätzen 14–15, 72–73, 74–75
Schiebung 42–43, 58–59
Senkrechte 18
Stab-; Balken-; Blockdiagramm 51
Stellentafel 13
Summe 36–37, 60–61
Symmetrie; symmetrisch 42–43, 54–55
Symmetrieachse 42–43, 54–55
Symmetrieebene 54

T
Teilbarkeit; Teilbarkeitsregeln 16–17
Teiler und Vielfache 16–17
Temperatur 66–67
Term 22–23, 32–33, 34–35, 60–61, 62–63

V
Variable 34–35, 60–61, 62–63
Vieleck 20–21
Vielfache und Teiler 16–17
Volumen; Rauminhalt 30–31

W
Winkel; Winkelmessung 56–57
Würfel 28–29, 30–31

Z
Zählen, kombinatorisches; Kombinatorik 70–71
Zahlen, gebrochene; Brüche 44–45
Zahlen, grosse 12–13
Zahlen, negative 66–67
Zahlengerade 13
Zehnerpotenzen 12–13

Inhalt

			Lernumgebung	auf Seiten
		Liebe Schülerinnen, liebe Schüler		2 – 3
	S	**So klein! – So gross!** (Grössen)	1	4 – 5
	S	**Wasserstand** (Funktionen)	2	6 – 7
	A	**Mit Kopf, Hand und Taschenrechner** (Grundoperationen)	3	8 – 9
	S	**Fünfer und Zehner** (Proportionalität)	4	10 – 11
	A	**Wie viel ist viel?** (Grosse Zahlen)	5	12 – 13
?	S	**Signor Enrico lässt fragen** (Mathematisieren)	6	14 – 15
	A	**Kalender** (Teilbarkeit)	7	16 – 17
	G	**Parallelogramme untersuchen** (Besondere Vierecke)	8	18 – 19
	G	**Dreiecke als Bausteine** (Dreiecke, Vielecke)	9	20 – 21
	A	**X-beliebig** (Variablen)	10	22 – 23
X	A	**Möglichst geschickt** (Rechengesetze)	11	24 – 25
	G	**Verpackungen** (Oberflächen)	12	26 – 27
	G	**Kopfgeometrie** (Raumvorstellung)	13	28 – 29
	G	**Mit Würfeln Quader bauen** (Volumen)	14	30 – 31
	A	**Knack die Box** (Gleichungen)	15	32 – 33
X	A	**Wort – Bild – Term** (Tabellen und Graphen)	16	34 – 35
	A	**Potenzieren** (Potenzen)	17	36 – 37
	A	**Snowboard** (Proportionalität und umgekehrte Proportionalität)	18	38 – 39
	G	**Bändelischule** (Geometrische Muster)	19	40 – 43
	A	**Gebrochene Zahlen unterschiedlich darstellen** (Brüche, Dezimalbrüche)	20	44 – 45
	S	**Prozente** (Prozente)	21	46 – 47
	S	**Pasta** (Mathematisieren)	22	48 – 49
	S	**Fernsehgewohnheiten** (Statistik)	23	50 – 51
?	G	**Boccia – Pétanque – Boule** (Ortslinien)	24	52 – 53
	G	**Schmetterling und Propeller** (Achsen- und Punktspiegelung)	25	54 – 55
	G	**America's Cup** (Winkel)	26	56 – 57
	G	**Schieben – Drehen – Zerren** (Kongruenzabbildungen)	27	58 – 59
	A	**Summen** (Terme, Termumformung)	28	60 – 61
	A	**Produkte** (Terme, Termumformung)	29	62 – 63
	A	**Bruchbilder** (Bruchrechnen)	30	64 – 65
	A	**Unter Null** (Negative Zahlen)	31	66 – 67
	G	**Mit Zahlen Punkte festlegen** (Koordinaten)	32	68 – 69
X	A	**Domino – Triomino** (Kombinatorik)	33	70 – 71
	S	**Strandbad** (Mathematisieren)	34	72 – 73
	S	**Weltreise** (Mathematisieren)	35	74 – 75
		Hypatia von Alexandria (Geschichte)		77
		Stichwortverzeichnis		78
		Impressum, Dank, Quellenverzeichnis		80

Arithmetik und Algebra A
Geometrie G
Sachrechnen S

Dank
Eine Manuskriptfassung des *mathbu.ch 7* wurde im Schuljahr 2000/2001 in etwa 25 Klassen in den Kantonen Aargau, Basel-Stadt, Bern, Freiburg, Luzern, St. Gallen und Solothurn erprobt. Die Manuskriptfassungen wurden begutachtet von Margret Schmassmann, Zürich, und Prof. B. Wollring, Kassel.
Autorinnen/Autoren und Verlage bedanken sich für die wertvollen Hinweise, welche Erprobung und Begutachtung erbracht haben. Die Erkenntnisse sind bei der Überarbeitung der Manuskriptfassung so weit wie möglich berücksichtigt worden.

Text- und Bildnachweis
Umschlag: Raphael Emmenegger von der Kunstturnerriege des STV in Liestal unter Leitung von Dieter Hofmann.
S. 4: Fotos (oben): CNRI/Okapia, Frankfurt; (unten): David Wagner/Phototake/Okapia, Frankfurt. S. 5: Fotos (oben): Richard Packwood/OSF/Okapia, Frankfurt; (Mitte): Andrew Plumptre/OSF/Okapia, Frankfurt; (unten): Alan Root/Okapia, Frankfurt. S. 11: Kartenausschnitt: reproduziert mit Bewilligung des Bundesamtes für Landestopographie (BA013632). S. 27: Fotos: Wolfgang Volz, © Christo. S. 46: Zeichnung: aus: Antoine de Saint-Exupéry, Le petit prince, Editions Gallimard, Paris 2000. S. 54: Porträt: Ferdinand Hodler: Berthe Hodler-Jacques, mit Genehmigung Vontobel Kunstverlag AG, Feldmeilen. S. 55: Bilder: Victor Vasarely: RHOMBUS, 1968; KOLD-K, 1965; OND-DVA, 1970; KOSKA-REV, 1972, © ProLitteris, 2002, 8033 Zürich. S. 56: Ringier Dokumentation Bild, Zürich. S. 62/63: Richard Paul Lohse: 6 komplementäre Farbreihen, 1983, © ProLitteris, 2002, 8033 Zürich. S. 64/65: Max Bill: Gleichförmige Elementarfarben, 1960, © ProLitteris, 2002, 8033 Zürich. S. 66: Porträt: AKG, Berlin. S. 67: Porträt: Bettmann/Corbis/Picture Press. S. 68: Kartenausschnitt (links): Luzern Tourismus AG, Luzern; (rechts): Reproduziert mit Bewilligung des Bundesamtes für Landestopographie (BA013956). S.72: Fotos (oben): Keystone, Zürich; (unten): Thun Tourismus-Organisation, Thun. S. 74: Weltkarte: von Peter Gautschi und Helmut Meyer, aus: «Vergessen oder Erinnern?», © Lehrmittelverlag des Kantons Zürich 2001. S. 77: Porträt: Bettmann/Corbis/Picture Press.

Die Verlage haben sich bemüht, alle Inhaber von Nutzungsrechten zu eruieren, was leider nicht in allen Fällen gelungen ist. Sollten allfällige Nutzungsrechte geltend gemacht werden, so wird gebeten, mit den Verlagen Kontakt aufzunehmen.

Dieses Lehrwerk wurde mit dem Worlddidac Award 2006 für innovative und pädagogisch wertvolle Lehrmittel ausgezeichnet.

mathbu.ch 7
Mathematik im 7. Schuljahr
für die Sekundarstufe I

Walter Affolter
Guido Beerli
Hanspeter Hurschler
Beat Jaggi
Werner Jundt
Rita Krummenacher
Annegret Nydegger
Beat Wälti
Gregor Wieland

Projektleitung:
Peter Uhr, schulverlag blmv AG
Marcel Holliger, Klett und Balmer AG

Lektorat:
Stephanie Tremp, Zürich

Begutachtung:
Margret Schmassmann, Zürich

Illustrationen:
Brigitte Gubler, Zürich

Fotografie:
Stephanie Tremp, Zürich

Gestaltung und Satz:
Bernet & Schönenberger, Zürich

Bildrechte, Redaktionsassistenz:
Julia Bethke, Klett und Balmer AG

Korrektorat:
Terminus Textkorrektur, A. Vonmoos, Luzern

Aufgabenkontrolle:
Erhard Senn, Aesch BL

Lithografie:
Humm dtp, Matzingen

Druck und Bindung:
AZ Druck und Datentechnik GmbH, Kempten

2. Auflage 2003 (Nachdruck 2007)

© schulverlag blmv AG, Bern, und
Klett und Balmer AG, Zug, 2003
Alle Rechte vorbehalten. Nachdruck, Vervielfältigungen jeder Art oder Verbreitung nur mit schriftlicher Genehmigung der Verlage.

ISBN 978-3-292-00236-5 (schulverlag blmv AG)
ISBN 978-3-264-83384-3 (Klett und Balmer AG)